Erich Bauer

Tarot

Liebe,

Partnerschaft,

Karriere

COSMOPOLITAN

Erich Bauer

Tarot

Liebe,
Partnerschaft,
Karriere

monte von DUMONT

ÜBER DEN AUTOR:

Erich Bauer ist Psychologe, Astrologe und Journalist. Bereits seit über 20 Jahren setzt er sich in Büchern, Zeitschriften und TV-Beiträgen intensiv mit dem Thema »Tarot« auseinander. Er schreibt u.a. in regelmäßigen Kolumnen für Cosmopolitan, Hamburger Abendblatt, Berliner Morgenpost und ist Chefastrologe det Zeitschrift »Astrowoche«.

Die Deutsche Bibliothek -- CIP-Einheitsaufnahme

Bauer , Erich:
Cosmopolitan: Tarot : Liebe, Partnerschaft, Karriere / von Erich Bauer. -
Orig.-Ausg. - Köln :: DuMont, 1999
ISBN 3-7701-8560-9

Originalausgabe

Dieses Buch entstand in Zusammenarbeit mit Cosmopolitan Deutschland

Umschlaggestaltung: BOROS, Wuppertal
Druck und buchbinderische Verarbeitung: Neue Stalling, Oldenburg

Printed in Germany
ISBN 3-7701-8560-9

Inhaltsverzeichnis

DEM SCHICKSAL EINEN SCHRITT VORAUS

Die Geschichte zeigt, dass es schon immer besonders neugierige oder auch naive Individuen gab, die glaubten, »Gottes Wege« durchschauen zu können: Dem Schicksal einen Schritt voraus sein, welch ungeheure Perspektive! Alexander der Große ging zum Orakel von Delphi, und Faust verbündete sich gleich mit dem Teufel. War dies vielleicht Legende, so ist von einem anderen Großen, nämlich Napoleon, verbrieft, dass er an die Karten glaubte. Vor jeder Schlacht zog es ihn ins Gemach seiner Joséphine. »Du musst den linken Flügel stärken«, sagte sie ... Bonaparte tat's – und gewann. Nach der Scheidung zog der große Franzose ohne Joséphines Karten in den Kampf und – doch wieder Legende? – verlor. Mehr als hundert Jahre später erkannten Zeugen in der Schweiz einen Mann bei einem Tarotleger – er war auf der Durchreise nach Russland. Von ihm hätte man es am allerwenigsten erwartet: Wladimir Iljitsch Lenin. Er soll nach der Zukunft des Kommunismus gefragt haben. Die Karten waren angeblich miserabel.

Ein sehr altes Tarotspiel, es stammt aus dem 16. Jahrhundert, befindet sich im Museum von Marseille. Ob es davor auch schon Karten dieser Art gab, ist Spekulation. Viele Tarotmeister behaupten, dass das Tarot aus Indien kommt, dort dem Gott Vishnu geweiht war und von den Zigeunern auf ihren endlosen Wanderungen nach Europa gebracht wurde. Andere wiederum sind fest davon überzeugt, dass des Tarotspiels Wiege bei den Pharaonen in Ägypten gestanden hat und über die Kreuzritter als Ersatz für den nicht gefundenen Gral zu uns gekommen sei. Eine dritte Variante erwägt, dass es einem französischen König missfiel, dass sein einziger Sohn mit Landsknechten »zockte«, also um Geld Karten spielte. Er ließ einen Künstler kommen, der seinem Sohn und Thronfolger sinnige Motive auf die Spielkarten malen sollte. Ob's half, den Sohn vom schnöden Kartenspiel wegzulocken, ist unbekannt.

Seit circa 1975 blüht das magische Spiel mit den Karten. Jedes Wochenende pilgern Tarotschüler zu »Eingeweihten«, um von ihnen das magische Spiel zu erlernen. Es gibt hunderte von Büchern und genauso viele Kartendecks, so wird ein Bündel Karten genannt. Mindestens 85 Prozent der »Fans« sind Frauen.

Bricht mitten im Zeitalter des Hightech das Mittelalter aus? Steht die Rückkehr der Hexen bevor?

TAROT – UND DIE WAHRHEIT

Tarot ist ein Orakel. Und ein gutes Orakel spricht immer das aus, was im Fragenden schlummert. Vom griechischen Orakel waren viele enttäuscht, weil es auf manche Fragen verstümmelte, unklare und zweideutige Antworten gab. Aber so verhält sich nun einmal ein richtiges Orakel, es spiegelt den Fragenden, beziehungsweise es spricht immer die Sprache, die der Fragende versteht. Ein gutes Tarot führt den Fragenden zu sich und nimmt ihm die Verantwortung nicht ab. Im Gegenteil, es zwingt den Fragenden, näher hinzuschauen und vielleicht unangenehme Aspekte seiner Situation anzunehmen.

Beim Tarot findet der Fragende mit Hilfe der 78 Karten einen Zugang zu sich selbst. Er blättert, wenn er die Karten mischt und aufdeckt, in seiner eigenen Seele. Er denkt über die Karten nach, tatsächlich aber beschäftigt er sich mit sich selbst.

Jeder, der Tarot legt, stellt allerdings auch fest, dass das Tarot »wahrsagt«, dass es »sehen« kann, dass es manchmal die Vergangenheit kennt und sogar die Zukunft erahnen kann.

Damit hat man die Welt des gesunden Menschenverstandes endgültig verlassen und einen Raum betreten, der sich mit unseren derzeit von den Hochschulen anerkannten wissenschaftlichen Methoden nicht fassen lässt. Ob man sich darauf einlassen möchte, ist eine ganz persönliche Entscheidung.

»Es gibt zwischen Himmel und Erde Dinge, die man nicht erklären kann«. Wer mit dieser Einstellung an das Tarot herantritt, ist neugierig und probiert etwas aus, was er auch immer wieder in Frage stellen kann – ja muss, wenn er nicht als hoffnungslos naiv dastehen will. Wer das Tarot fragt, befindet sich immer auf einer Gratwanderung. Er kann dadurch aufmerksamer und wissender werden – aber auch weltfremder.

WIE TAROT FUNKTIONIERT – ALLGEMEINE VORBEREITUNG

Tarot soll man zelebrieren. Man muss den Karten eine besondere Aufmerksamkeit schenken. Tarotkarten legen ist etwas anderes als beispielsweise ein Buch lesen oder sich unterhalten. Man betritt einen besonderen Raum, eine Art magische Bühne, auf der der normale Alltag für eine Zeit lang zurückbleibt.

Man kann die Karten auf dem Boden oder einem Tisch ausbreiten. Wer es besonders feierlich haben will, kann Kerzen oder eine Duftlampe anzünden. Günstig und allgemein üblich ist es auch, die Karten auf einem Tuch auszubreiten.

Wenn Sie bequem und entspannt sitzen, können Sie mit dem magischen Spiel beginnen: Nehmen Sie das Kartendeck in Ihre linke Hand und schließen Sie für ein paar Sekunden die Augen. Beginnen Sie dann – mit geschlossenen Augen – das Spiel langsam zu mischen. Sie müssen kein »professioneller Kartenmischer« sein, um richtig zu mischen. Es genügt, dass Sie eine neue Ordnung herstellen – ihre eigene, ganz persönliche Ordnung.

Wenn Sie glauben, dass die Karten genug gemischt sind, legen Sie den Stapel wieder vor sich hin. Als nächster Schritt folgt das aus jedem Kartenspiel bekannte »Abheben«. Dabei hebt man mit der linken (!) Hand einen Teil des Kartenstapels ab und legt diesen unter den anderen. Breiten Sie dann die Karten vor sich aus. Am schönsten ist ein offener Bogen, wie er in der Abbildung dargestellt ist.

Entspannen Sie sich nach dem Auslegen der Karten. Wenn Sie eine Karte auswählen wollen, beginnen Sie, Ihre linke (!) Hand über den Halbkreis der Karten gleiten zu lassen. Mit der linken Hand bringen Sie Ihre intuitive Seite ins Spiel.

Sie können am linken oder rechten Ende der Karten beginnen, streichen dann ganz langsam zur anderen Seite und kehren wieder zurück. Die »richtige Karte« kann man nicht mit logischem Kalkül ausfindig machen. Das ist der ungeheure Sprung aus der Welt des Normalverstandes. Es ist kurios und magisch zugleich: Sie vertrauen der »Sehkraft« Ihrer Hände.

Wenn Sie mit Ihren Händen in einem Abstand von ungefähr fünf Zentimetern über die Karten streichen, werden Sie ganz leichte Unterschiede empfinden, ein Schwanken des Druckes, eine wechselnde Wärme oder eine Ungleichheit der Dichte. Lassen Sie sich von diesen Schwankungen führen, bis Sie eine Karte für »richtig« befinden. Vielleicht spüren Sie diese feinen Veränderungen nicht gleich beim ersten Mal. Dann folgen Sie einfach der Eingebung Ihrer linken Hand, die irgendwann eine Karte berührt.

Diejenige Karte, die Sie so bestimmt haben, legen Sie bitte unaufgedeckt in den Halbkreis. Möchten Sie mehrere Karten auswählen, dann verfahren Sie mit den anderen Karten genauso.

Haben Sie die Karte(n), die Sie zum Spiel benötigen, ausgewählt, drehen Sie diese um. Jetzt beginnt der spannendste Augenblick: Das Tarot spricht mittels Bildern zu Ihnen. Sie treten in einen geheimnisvollen Austausch mit dem »Geist« des Tarot.

Die drei Tarotregeln

1. Nehmen Sie das Tarot spielerisch
2. Betrachten Sie das Tarot wie einen guten Freund
3. Das Wichtigste ist Ihre Intuition

Die Themenkarte

Diese Karte verrät Ihnen, was jetzt oder zu einem bestimmten Zeitpunkt mit Ihnen geschieht. Bei diesem Orakel bestimmt man nach dem zuvor beschriebenen Ritual eine einzige Karte. Sie sagt Ihnen, was gerade los ist, in welcher Stimmung Sie sich befinden, welche Kräfte am Werk sind und was Sie sich erhoffen dürfen. Sie können die Themenkarte auch am Morgen für den ganzen Tag als Leitmotiv oder für ein Treffen (z.B. ein Rendezvous) befragen. Die entsprechende Bedeutung der 78 Karten finden Sie jeweils an ersten Stelle bei den Interpretationen aller Karten.

Karrierecheck:

Position 1

Position 2

Position 3

Diese drei Karten bringen Licht in Ihre berufliche Situation. Sie ziehen drei Karten, und zwar in der zuvor beschriebenen Art und Weise. Bei der ersten Karte sprechen Sie leise zu sich: »Die Karte, die meine linke Hand berührt, spiegelt meine berufliche Situation. Sie bringt Licht und Klarheit, zeigt Chancen und Hindernisse für meine Karriere«. Dann legen Sie die Karte, die Ihre linke Hand berührt, verdeckt auf Position 1 (s. Abbildung). Die zweite Karte wählen Sie mit folgender Fragestellung: »Die Karte, die meine linke Hand berührt, soll Licht in meine finanzielle Situation bringen«. Legen Sie die Karte verdeckt auf Position 2. Die dritte Karte, die Sie nach der gleichen Methode bestimmen, hilft Ihnen bei Entscheidungen, Verträgen, Vereinbarungen und Abmachungen. Sie kommt auf Position 3. Drehen Sie zum Schluss die drei Karten um. Jetzt können Sie anhand der Deutungen zu den einzelnen Karten Licht in Ihre berufliche Situation bringen.

Auch zum Karrierecheck findet sich am Ende des Buches ein Beispiel.

Das Liebesorakel

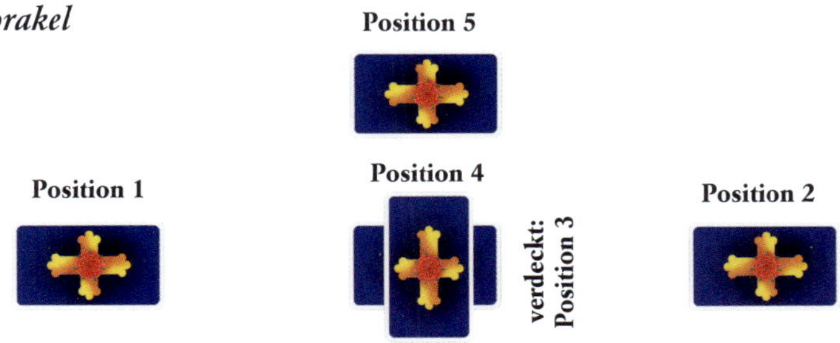

Für dieses »Spiel« benötigen Sie fünf Karten. Sie ziehen also hintereinander aus dem Stapel der verdeckt ausgelegten Karten fünf Karten. Gehen Sie folgendermaßen vor:

Während Sie mit Ihrer linken (!) Hand über die verdeckt liegenden Karten streichen, sagen Sie zu sich: »Die erste Karte, die ich berühre, steht für mich«. Sobald Ihre linke Hand eine Karte berührt, ziehen Sie diese aus dem Stapel heraus und legen sie verdeckt, das heißt mit dem Bild nach unten, auf Position 1 (s. Abbildung). Dann beginnen Sie wieder, mit Ihrer linken Hand über die ausgebreiteten Karten zu streichen und sagen: »Die zweite Karte, die ich berühre, steht für Dich«! Damit ist Ihr Partner gemeint. Es kann eine Person sein, mit der Sie in einer Beziehung stehen, mit der Sie erst noch in Beziehung kommen möchten oder mit der Sie früher in einer Beziehung lebten. Wenn Ihre linke Hand die zweite Karte berührt, legen Sie diese wieder verdeckt auf Position 2 (s. Abbildung). Bei der dritten Karte heißt der Satz: »Die dritte Karte, die ich berühre, zeigt, was unsere Liebe verbindet.« Hat man sie gefunden, kommt sie längs zwischen die erste und zweite Karte. Die vierte Karte wird mit folgendem Satz ausgesucht: »Die vierte Karte, die ich berühre, zeigt, was uns trennt«. Diese Karte wird in aufrechter Weise über die dritte Karte gelegt. Auch die fünfte Karte bestimmen Sie mit einem Satz: »Die fünfte Karte, die ich berühre, führt heraus aus der Krise, führt zu mehr Liebe und Glück«. Diese Karte legt man dann auf Position 5 oberhalb der Karten drei und vier (s. Abbildung).

Wenn alle fünf Karten an der richtigen Position liegen, werden sie nacheinander aufgedeckt. Dann beginnt der spannendste Moment, nämlich der der Deutung und der Interpretation. Benutzen Sie die Deutungshilfen in diesem Buch zu jeder Karte.

Am Ende des Buches wird ein Beispiel angeführt.

Die 78 Karten und ihre Bedeutung

KARTE I

DER MAGIER

Macht

EPILOG Ich bin der Meister meines Lebens, sonst niemand! Ich bin mir dessen vielleicht nicht immer bewusst und nehme an, dass andere oder eine höhere Macht über mich bestimmen, so wie die Winde der vier Himmelsrichtungen ein Blatt am Baum dirigieren. Tatsächlich aber ruft das Blatt den Wind. Wenn ich erkenne, dass alles sich selbst bestimmt, werde ich wissend und mächtig, denn die Wirklichkeit ist das Abbild meiner eigenen Wünsche und Absichten.

BILD Der Gott Apollo steht vor einem Tisch, über seinem Haupt eine liegende Acht, das Symbol der Unendlichkeit. Auch die Schlange, die sich um den Leib des Magiers windet, ist ein Zeichen für Unendlichkeit. Auf dem Tisch liegen die vier magischen Werkzeuge. Jedes symbolisiert eines der vier universellen Elemente: der Stab symbolisiert Feuer, der Kelch bedeutet Wasser, das Schwert ist ein Zeichen für Luft, und die Scheibe mit dem Pentakel, dem Fünfstern, steht für Erde. Durch die aufgerichtete Haltung und die vorherrschenden Farben Rot und Gelb strahlt der Magier vor allem Ruhe, Erhabenheit und jugendliche Stärke aus.

DEUTUNG Auf der Stufe des Magiers beginnt der Mensch zu begreifen, dass er sein Schicksal selbst in die Hand nehmen kann, wenn er die universellen Gesetze des Handelns und Wirkens kennt. So wird er zum Meister, der seinem Schicksal einen Schritt voraus ist. Der Magier weist mit einer Hand in den Himmel und mit der anderen zur Erde. Damit sagt er: »So oben, so unten!« Vor dem Magier liegen vier Werkzeuge. Der Stab besagt, dass der Mensch sein Handeln selbst bestimmt. Der Kelch versinnbildlicht, dass er Herr über seine Gefühle ist. Das Schwert ist ein Zeichen seiner geistigen Kraft, und der Fünfstern drückt aus, dass er der Meister seines äußeren und inneren Reichtums ist. So bedeutet diese Karte Stärke, Selbstverwirklichung, Kraft und Energie. Wenn sie für eine Person oder für einen Anlass aufgedeckt wird, verkündet sie Gelingen und Erfolg. Steht die Karte gegen einen, wurde sie also für einen Konkurrenten oder Rivalen aufgedeckt, so ist es ratsam, vorsichtig zu sein und sich zurückzuhalten.

Die Bedeutung als Themenkarte

Unternehmen Sie nichts, ohne zu Ihrem Spiegelbild zu sagen: »Heute läuft es nach meinen Wünschen!« Betreten Sie Ihr Büro, und sagen Sie zu sich: »Alles läuft nach meinem Willen!« Erinnern Sie sich immer wieder daran, dass nur das geschieht, was Sie wünschen. Jetzt ist die Zeit des Magiers, der sein Leben selbst in die Hand nimmt!

Die Bedeutungen beim Karrierecheck

Position 1 Sie stehen auf einem starken Fundament. Im Lichte des Magiers sind Sie jeder Aufgabe gewachsen. Nichts ist unmöglich. Wichtig ist, dass Sie handeln! Eigeninitiative! Genauso wichtig ist es, anderen mit einem guten Beispiel voranzugehen. Nur so erlangen Sie die Berechtigung, andere zu führen.

Position 2 Halten Sie sich jetzt nicht lange mit Überlegungen auf, was Ihnen das eine bringt oder das andere Sie kostet. Seien Sie einfach aktiv!

Position 3 Der Zeitpunkt ist günstig für Unterschriften, Verträge und Absprachen.

Die Bedeutungen beim Liebesorakel

Position 1 Sie sind stark. Vielleicht sind Sie sogar der überlegene Part in dieser Beziehung. Das Tarot sagt: »Übernehmen Sie die Verantwortung.« Sie bestimmen, wohin es geht.

Position 2 Ihr Partner hat das Sagen. Respektieren Sie, dass er/sie stark ist und bestimmt, wo es langgeht. Das heißt nicht, dass Sie ein graues Mäuschen wären, aber in dieser Partnerschaft hat er/sie die Hosen an.

Position 3 Ein starkes Schicksal hat sie zusammengebracht. Über Ihrer Beziehung wacht die Kraft des Magiers. Etwas geschieht mit Ihnen, was Sie nicht beeinflussen können. Genießen Sie es, dass Ihre Partnerschaft dermaßen stark und intensiv ist.

Position 4 Eine Macht steht zwischen Ihnen. Magie trennt Sie. Sie können im Moment nichts dagegen unternehmen. Fügen Sie sich Ihrem Schicksal. Suchen Sie die Antwort auf die Frage: »Was ist es, was uns trennt?«

Position 5 Der Magier an dieser Position verkündet, dass es kein Hindernis gibt, das Sie nicht überwinden können. Ihre Liebe steht unter einem erhabenen Schicksal. Alles wendet sich zum Guten. Es winkt ein Happy End.

KARTE II

DIE HOHEPRIESTERIN

Intuition

EPILOG Ich ziehe mich zurück von der Außenwelt und spüre in mich hinein. Ich lausche meiner inneren Stimme und erahne die Schwingungen des Seins. Die Quelle tiefsten Wissens finde ich nur in mir. Ich bin mir meiner ganz sicher und benötige darüber hinaus keine Erklärungen. Mein Innerstes sagt mir, wann es Zeit ist zu handeln, und welchen Weg ich wählen soll.

BILD Eine Frau sitzt in sich selbst versunken zwischen zwei Säulen. Ihr blaues Gewand und die nach oben offenen Säulen spiegeln ihre Bereitschaft aufzunehmen. Aus ihrem Kleid fließt Wasser, das Symbol des Unbewussten. Die beiden verschiedenfarbigen Tempelsäulen König Salomons mit den Namen Boas (B) und Jakim (J) spiegeln die Polarität allen Lebens wieder. Ihre Krone zeigt drei Mondphasen. Auf ihrem Schoß liegt eine Schriftrolle, auf der das Wort »Thora« geschrieben steht. Es bedeutet das höhere Gesetz. Das Kreuz auf der Brust der Frau versinnbildlicht ihre erdverbundene Seite.

DEUTUNG Die Hohepriesterin verkörpert das aufnehmende, das empfangende und somit das weibliche Prinzip. Sie schaut nach innen. Die Hohepriesterin empfängt die Welt, nimmt sie in sich auf und trifft dann eine Entscheidung nach dem Gefühl, aus dem Bauch heraus. Seit alters her verfügten wissende Frauen über Kräfte, die weder aus der Erfahrung noch aus der Logik erwuchsen, sondern aus der Eingebung der Seele. Diese Frauen waren Medien, Heilerinnen und Hexen. Sie konnten in die Zukunft sehen, Träume deuten, Wunden heilen. Sie halfen bei schwierigen Geburten und wußten allerlei Mittel gegen Liebeskrankheiten und Liebestollheiten. Symbol dieser Fähigkeiten ist der Mond. Er bestimmt die Phasen des Wachstums und der Stagnation. Frauen sind mit ihm in natürlicher Weise verbunden. Sie werden zum Medium seiner Kraft. So fordert diese Karte auf, sich zurückzuziehen, seine Intuition zu suchen und auf sie zu hören. Ahnungen und Eingebungen sind jetzt wichtiger als Erfahrung und Wissen. Vertrauen Sie auch Ihren Träumen, Tagträumen und Phantasien.

Die Bedeutung als Themenkarte

Seien Sie ganz intuitiv. Nehmen Sie auf! Spüren Sie in sich hinein, fragen Sie Ihr Herz und folgen Sie Ihrem Bauch! Seien Sie empfangsbereit, offen und weiblich! Seien Sie eine Schale, die Regenwasser aufnimmt. Seien Sie der Mond, der das Licht der Sonne bewahrt!

Die Bedeutungen beim Karrierecheck

Position 1 Bevor Sie jetzt irgend etwas unternehmen, empfiehlt sich eine Zeit der inneren Sammlung. Ziehen Sie sich zurück, sorgen Sie dafür, dass Sie nicht gestört werden, und spüren Sie in sich hinein. Warten Sie, bis Ihr Bauch »weiß«, was Sache ist. Lassen Sie sich nicht in einen Disput verwickeln! Sind Sie sich Ihres Standpunktes sicher, können Sie handeln. Sind Sie jedoch unsicher, dann ist es besser zu schweigen und zu warten, bis Sie klarer sehen.

Position 2 Jetzt ist nicht die richtige Zeit für Geldgeschäfte.

Position 3 Verlassen Sie sich ganz auf Ihr Gefühl! Wenn Sie auch nur das geringste Unbehagen verspüren, ein Schriftstück zu unterzeichnen oder eine Absprache zu treffen, sollten Sie warten.

Die Bedeutungen beim Liebesorakel

Position 1 Sie sind der ruhende Pol, nährend und fürsorglich wie eine Mutter. Nichts ist zu tun. Allein durch Ihr Dasein sorgen Sie bereits für sich und Ihre Partnerschaft. Befragen Sie ausschließlich Ihr Herz und Ihren Bauch um Rat.

Position 2 Sie haben einen wundervollen Partner. Egal, ob Mann oder Frau, er ist wie eine Mutter für Sie. Sehen Sie Ihre Beziehung unter diesem Aspekt, ganz egal, was Sie bisher glaubten. Sie werden einen neuen Einblick gewinnen.

Position 3 Zwischen Ihnen fließt existenzielle Liebe. Ihre Beziehung ist geheiligt. Die Sterne selbst sorgen für Ihr Wohlergehen. Seien Sie zufrieden, haben Sie Vertrauen, und warten Sie auf das, was kommt.

Position 4 Die Karte mahnt Sie. Sie erinnert Sie an mangelndes Vertrauen. Sie bringen alte Erfahrungen mit in die Beziehung. Das bringt keinen Segen! Sie sind zu kritisch, zu skeptisch.

Position 5 Haben Sie Vertrauen. Nur dann kann es in Ihrer Partnerschaft weitergehen. Ihre Beziehung ist ins Stocken geraten, weil Sie sich selbst so wichtig nehmen und die höhere Absicht einer Beziehung nicht richtig wahrnehmen. Lassen Sie geschehen! Handeln Sie nicht!

KARTE III

DIE HERRSCHERIN

Urvertrauen

EPILOG Ich erfahre mich als Teil des lebendigen Ganzen, bin im Austausch mit der gesamten Schöpfung, untrennbar mit ihr verbunden. Ich brauche mich nicht zu sorgen. Das Leben, die Existenz, die Große Mutter, Gott oder wie immer man »ES« nennt, trägt mich auf geheimnisvolle Weise, wie einst meine leibliche Mutter. Es ist alles vorhanden, was ich zum Leben wirklich brauche.

BILD Die Herrscherin sitzt auf ihrem Thron. Sie trägt Schmuck und ist umgeben von Symbolen der Fruchtbarkeit: dem Getreidefeld, dem Wald, dem Fluß und den Granatäpfeln auf ihrem Gewand. Das rote Kissen, das Polster und die Decke sind Zeichen für Leben und Liebe. Die zwölf Sterne ihrer Krone stehen für die zwölf Monate des Jahres und zeigen sie als die Herrscherin der Jahreszeiten.

DEUTUNG Die Herrscherin symbolisiert Fruchtbarkeit, Mütterlichkeit und Sinnlichkeit. Sie verkörpert die unerschöpfliche Kraft der Natur. Sie steht für Wachstum, zyklische Erneuerung, Lebensbejahung, die Fähigkeit, Liebe zu geben und anzunehmen. Die Hauptbedeutung dieser Trumpfkarte ist Wachstum und Entwicklung für alle Vorhaben, nach denen gefragt wird. Sie deutet auf eine Zeit des emotionalen und finanziellen Wohlergehens hin. Sie kann auch Hochzeitskarte sein, kann für Mutterschaft stehen oder auf die eigene Mutter verweisen. Wird die Karte für eine Partnerschaft aufgedeckt, verweist sie nach Ansicht der Zigeuner stets auf eine bevorstehende Schwangerschaft in dieser Beziehung. Diese Interpretation gilt insbesondere dann, wenn man das Tarot direkt nach »Nachwuchs« befragt. Die Karte erinnert auch daran, dem Leben sorgloser und vertrauensvoller zu begegnen.

Die Bedeutung als Themenkarte

Fühlen Sie sich sicher wie ein Kind, das von seiner Mutter getragen wird. Seien Sie ein sorgloses Kind, das dem Leben total vertraut. Aus dieser Sicht des Lebens kann Ihnen nichts geschehen. Sie sind sicher wie im Leib Ihrer Mutter.

Die Bedeutungen beim Karrierecheck

Position 1 Genießen Sie, was Sie haben. Für Ihre Sicherheit oder die Ihres Unternehmens ist im Moment nichts zu tun. Vertrauen Sie. Sind Sie für andere verantwortlich, dann sorgen Sie für sie wie eine Mutter.

Position 2 Es ist jetzt nicht der richtige Zeitpunkt, um zu investieren. Es ist jetzt auch nicht der Zeitpunkt, um sich zu sorgen. Diese Karte verweist häufig auf unnötige Existenzängste. Wenn sich der Mensch als Einzelner, losgelöst vom Ganzen und der sorgenden Großen Mutter erlebt, entsteht Einsamkeit und große Angst.

Position 3 Jeder Vertrag und jede Vereinbarung, die Sie im Lichte dieser Karte schließen, hält »ewig«. Die Existenz selbst ist der Garant für Richtigkeit und Dauer.

Die Bedeutungen beim Liebesorakel

Position 1 Dieser Liebe und diesem Partner können Sie hundertprozentig vertrauen. Heil und Gelingen steht über Ihnen. Sie brauchen sich keine Sorgen zu machen. Genießen Sie diese Liebe und jeden Tag, der Ihnen geschenkt wird.

Position 2 Diesem Partner können Sie hundertprozentig vertrauen. Er ist wie die Große Mutter, ihm können Sie zum Ende der Welt folgen: er wird Sie nicht im Stich lassen. Die Karte kann aber auch eine Mahnung sein, Ihrem Partner mehr zu vertrauen.

Position 3 Zwischen Ihnen fließt reine Liebe. Aber vergessen Sie nicht, dass diese Karte auch eine Aufforderung darstellt, der Liebe mehr zu vertrauen.

Position 4 Sie haben das Vertrauen verloren. Etwas hat die Grundfeste Ihrer Partnerschaft erschüttert. Ein böses Zeichen. Sie werden gewarnt. Sie – oder Ihr Partner – haben das Vertauen verspielt.

Position 5 Sie brauchen mehr Vertrauen in Ihre Liebe. Aber dieses Vertrauen lässt sich nicht erzwingen. Erinnern Sie sich, wie es früher war. Können Sie aus der Vergangenheit Kraft schöpfen?

KARTE IV

DER HERRSCHER

Ordnung

EPILOG Ordnung ist ein unverzichtbares Prinzip der Existenz. Ohne Ordnung versänke alles im Chaos. Ordnung verleiht Sicherheit. Sie schenkt mir einen festen Platz, eine Aufgabe und eine Identität. Andererseits steht Ordnung dem lebendigen Leben entgegen. Sie engt mein Leben ein und kontrolliert es.

BILD Ausgestattet mit Zepter, Reichsapfel und Krone, den Insignien der Macht, sitzt der Herrscher würdig auf seinem steinernen Thron. Die Widderköpfe weisen darauf hin, dass etwas im Werden ist, Wirklichkeit wird. Wie das Sternzeichen Widder auf den Frühling hindeutet, auf die Jahreszeit, in der alles wächst und das Leben über den Tod siegt. Gleichzeitig sind die vier Widdertrophäen sowie das Zepter in seiner Hand Ausdruck seiner Zeugungsfähigkeit. Damit wird der Herscher zum Vater im Gegensatz zur Herrscherin, der irdischen Mutter. Die vorherrschenden Farbtöne Rot, Orange und Gelb symbolisieren geistige Kraft, Weisheit (Rot/Orange) und Klarheit (Gelb).

DEUTUNG Vorhaben, die mit dieser Karte in Verbindung stehen, werden klar, konkret und nehmen Form an. Wünsche und Pläne gewinnen an Gestalt und können nach kritischer Prüfung verwirklicht werden. Es ist auch möglich, dass die Karte Sie auffordert, Ihre Lebensziele zu überprüfen, Ordnung in die großen oder auch kleinen Dinge des Lebens zu bringen, vielleicht den Schreibtisch aufzuräumen oder die Steuererklärung zu machen. Sie kann auch eine Auseinandersetzung mit Ihrem Vaterbild, Ihren Vorgesetzten oder anderen männlichen Autoritätspersonen symbolisieren. Die Strenge des Herrschers verweist zuweilen auf eine starre, eingefahrene Situation oder auf die Sturheit eines Menschen. Ihnen sollte bewusst sein, dass im Lichte des Herrschers Sicherheit und berufliche Selbstverwirklichung stets mit einer gewissen Verhärtung verbunden sind.

Die Bedeutung als Themenkarte

Betrachen Sie heute alles durch die Augen des Herrschers: Aufstehen, Frühstücken, zur Arbeit fahren, das Zusammentreffen mit Ihren Chefs, die Zusammenarbeit mit den Kollegen, den Feierabend. Versuchen Sie herauszufinden, wieviel Ordnung Sie brauchen, um sich sicher zu fühlen. Erkennen Sie aber auch, wo Ordnung Ihre Kreativität erstickt.

Die Bedeutungen beim Karrierecheck

Position 1 Betrachten Sie diese Karte als ein Zeichen Ihrer Macht und Verantwortung: regieren Sie gerecht und ohne persönliche Willkür. Wenn Sie nicht zum Management Ihres Unternehmens gehören, verweist Sie die Karte darauf, sich unterzuordnen, sich zu fügen.

Position 2 Sie können nur gewinnen, wenn Ihre Geldgeschäfte auf soliden Beinen stehen. Unsichere Unternehmungen sind zum Scheitern verurteilt.

Position 3 Ihre Absprachen, Vereinbarungen und Unterschriften werden gelingen. Alles steht unter einem guten Stern.

Die Bedeutungen beim Liebesorakel

Position 1 Sie vertreten in dieser Beziehung das Prinzip der Ordnung. Das ist gut, gehen Sie aber nicht zu weit. Zuviel Ordnung kann einer Beziehung auch schaden und alles Lebendige und Spontane töten.

Position 2 Ihr Partner vermittelt Sicherheit durch Ordnung. Solange Sie sich damit wohl fühlen, ist dies wunderbar. Achten Sie nur darauf, dass auch genügend Raum für Gefühle, spontane Entscheidungen und impulsives Handeln bleibt. Es ist aber auch möglich, dass Sie unter Ihrem Partner leiden, weil er zu herrschsüchtig auftritt. Bestehen Sie auf einer Aussprache!

Position 3 Ihre Beziehung gründet auf einer heiligen Ordnung. Es ist wie ein Wunder. Alles hat seinen Platz. Diese Partnerschaft kann hundert Jahre halten. Niemand und nichts kann sie zerstören.

Position 4 Ihre Beziehung steht auf einem unsicheren Fundament. Sie ist nicht fest, sondern beliebig. Sie bzw. Ihr Partner sind austauschbar. Das ist keine Basis für eine Beziehung. Wenn Ihre Partnerschaft weitergehen soll, müssen Sie aktiv werden.

Position 5 Bringen Sie mehr Ordnung in Ihre Partnerschaft. Sie brauchen mehr Zuverlässigkeit, gegenseitige Absprachen, mehr Sicherheit und Verlässlichkeit.

KARTE V

DER HIEROPHANT

Offenbarung

EPILOG Ich erfahre die Wahrheit durch einen Meister. Ich höre ihm zu, lese sein Buch, sitze in seiner Nähe, bin in tiefer Stille mit ihm verbunden. Seine Worte und sein Schweigen, seine allumfassende Liebe dringen in mich ein und erfüllen mich. Es ist, als würde ich jetzt zum ersten Mal sehen, begreifen und verstehen, was bisher immer rätselhaft schien. Ich habe einen Schlüssel gefunden.

BILD Der Hierophant, zu deutsch auch Hohepriester, nimmt die Sitzposition eines hohen kirchlichen Würdenträgers ein und trägt das Gewand eines heiligen Mannes. Er erinnert an den Papst, und dieser Eindruck wird durch seine goldene Kopfbedeckung, die Tiara, noch verstärkt. Der Stab mit den drei Kreuzen, den er in der Hand hält, ist ein altes Zeichen der Geheimlehren. Die beiden Schlüssel verkörpern zum einen weltliche und zum anderen geistige Macht. Von den beiden Mönchen zu seinen Füßen ist der eine in ein Gewand gekleidet, das mit Lilien verziert ist und zeigt damit an, dass er aus persönlichem Idealismus vor dem Hohepriester kniet. Die Soutane des anderen Mönchs ist mit Rosen geschmückt. Nächstenliebe lässt ihn vor seinem Meister knien.

DEUTUNG Der Hohepriester kann für alle Menschen stehen, die uns im Leben ein Stück weiterbringen und uns neue Horizonte eröffnen, dazu gehörenauch Vorbilder, Lehrer, Professoren oder Therapeuten. Er kennzeichnet aber auch eine Phase, in der wir uns mit Sinnfragen befassen, mit unseren Wertvorstellungen, unseren Idealen und Verhaltensmustern. Die Karte besagt, dass man auf dem richtigen Weg ist. In alter Zeit galt sie als eine der drei Schutzkarten des Tarots.

Die Bedeutung als Themenkarte

Betrachten Sie alles um Sie herum als etwas Heiliges, etwas Besonderes, als ein Wunder. Nichts ist zufällig! Überall begegnen Ihnen Zeichen, die etwas verkünden. Es ist eine Phase voller Orakel und Weissagungen. Erleben Sie die Begegnungen mit Ihren Mitmenschen nicht als zufällig, sondern als Fügung und heiliges Schicksal.

Die Bedeutungen beim Karrierecheck

Position 1 Ziehen Sie andere zu Rate. Dies kann auch in Form eines Managementtrainings geschehen. Sie wissen nicht mehr weiter und benötigen in jedem Fall den Rat einer außenstehenden Person.

Position 2 Unternehmen Sie im Moment nichts ohne Beratung. Konsultieren Sie vor jeder Investition kompetente Gremien, eine Bank oder Finanzprofis.

Position 3 Die Karte weist Sie darauf hin, vor Abschluss eines Vertrages oder vor wichtigen Entscheidungen eine kompetente Person aufzusuchen.

Die Bedeutungen beim Liebesorakel

Position 1 Sie verbreiten Liebe und Weisheit. Etwas Heiliges geht von Ihnen aus. Und auch Ihre Liebe ist gesegnet, so als würde der Engel der Liebe über ihr stehen und seine Arme schützend über sie ausbreiten

Position 2 Dieser Partner steht unter einer besonderen Gnade. Ein großes Licht hüllt ihn ein, das ihn von anderen Menschen abhebt und unterscheidet. Alles spricht dafür, dass Sie diesen Menschen schon aus einem früheren Leben kennen.

Position 3 Zwischen Ihnen fließt ein heiliger Fluß. Ihre Liebe wird von den Sternen gesegnet. Sie gehören zusammen. Sie können heiraten oder sich auf andere Weise für immer und ewig verbinden. Wichtig: Hören Sie sich zu. Sie haben sich etwas zu sagen.

Position 4 Ihre Liebe ist profan geworden. Vielleicht haben Sie sich zu sehr aneinander gewöhnt. Was Ihrer Liebe fehlt, ist Erschütterung, Betroffenheit, sich wundern können. Vielleicht müssen Sie zusammen etwas unternehmen. Vielleicht müssen Sie sich eine Zeit lang aus dem Weg gehen. Denken Sie daran: Ihre Liebe ist in Gefahr!

Position 5 Ihre Liebe kann wieder ins Fließen kommen. Aber Sie müssen etwas unternehmen. Fragen Sie Freunde um Rat. Gehen Sie zu einem Partnerschaftstherapeuten.

KARTE VI

DIE LIEBENDEN

Liebe

EPILOG Wenn ich liebe, bin ich erlöst aus der Einsamkeit. Ich fühle mich von einem anderen Menschen verstanden und angenommen. Alles hat sich verändert, ist leichter geworden. Ich gehe beschwingter, das Licht und die Farben sind kräftiger. Ich könnte Berge versetzen. In mir ist Seligkeit und Sehnsucht. Nicht vorstellbar, dass es einmal anders war und dass es jemals wieder anders sein wird. Alles ist vollendet, meine Welt und die meines/r Geliebten.

BILD Die Liebenden sind als Adam und Eva im Paradies dargestellt. Der Apfelbaum im Hintergrund, um den sich die Schlange windet, verweist auf den Sündenfall und damit auf die Versuchung, der wir im Leben immer wieder ausgesetzt sind, der wir erliegen oder der wir widerstehen. Der Erzengel Raphael stellt die Ekstase der beiden Liebenden dar und symbolisiert ihre Einheit auf höherer Ebene. Nur wenn Mann und Frau von den verschiedenen Seiten aus den Berg in der Mitte erklimmen und sich auf dem Gipfel treffen, können sie »mit den Engeln reden«. Folgen sie aber einem oberflächlichen, halbherzig egoistischen Über-Ich, legen sich die dunklen Wolken wie Schatten auf ihre Beziehung.

DEUTUNG Die Karte verweist auf zwei Themen. Sie steht für eine große Liebe, die einen zutiefst berührt und durchströmt. Sie verheißt eine neue Partnerschaft oder neues Glück in einer bestehenden Beziehung. Andererseits steht sie aber auch für Entscheidung. Denn die Entscheidung für einen einzigen Menschen ist das Tor in das Land der Liebe. Allerdings darf die Karte nicht als »Garantie« dafür genommen werden, dass der Geist des Tarot damit stets die wahre und einzige Liebe verkündet. Manchmal will die Karte nur die Augen öffnen für die Kraft der Liebe, die überall wirkt. Es ist sogar so, dass die Liebe der Karte VI viel mehr symbolisiert als die Liebe zwischen zwei Menschen: Es geht um die Liebe als existenzielle Energie und göttliche Kraft, die in jedem Lebewesen wirkt.

Die Bedeutung als Themenkarte

Es ist, als hätten Sie sich gerade verliebt. Ihre Augen strahlen – und die aller anderen Menschen auch! Ihr Herz schlägt aufgeregt .... Alles ist anders, schöner, glücklicher. Sie sind im Himmel der Liebe!

Die Bedeutungen beim Karrierecheck

Position 1 Sie setzen auf die gewaltige Kraft der Liebe. Ihre Entscheidungen werden von dieser Kraft getragen. Sie sind weise und gütig. Liebe verbindet Sie wie ein Band mit Ihren Mitarbeitern und Vorgesetzten.

Position 2 Sie gewinnen, weil Ihr Verhältnis zum Geld nicht von Gier und Egoismus bestimmt wird.

Position 3 Schließen Sie keine Abmachungen, die nicht von gegenseitiger Zuneigung getragen sind. Mit Menschen, die Ihnen zuwider sind, dürfen Sie im Moment keine Vereinbarungen treffen.

Die Bedeutungen beim Liebesorakel

Position 1 Sie sind wahrhaftig ein Glückspilz. Die Liebe hat Sie persönlich geküsst. Damit steht auch Ihre Beziehung unter dem Stern der Liebe. Die Götter persönlich nehmen sich Ihrer Liebe an. Alles ist bestens. Seien Sie dankbar für Ihr großes Glück.

Position 2 Sie haben den Partner gefunden, der genau zu Ihnen passt. Er ergänzt Sie, er verkörpert Ihre andere Hälfte. Zusammen sind Sie eine Einheit.

Position 3 Zwischen Ihnen fließt ein Strom aus Liebe, ein Ozean der Gefühle. Ihre Beziehung ist heilig, gesegnet vom Himmel und von den Sternen. Glauben Sie an diese große Liebe.

Position 4 Die Liebe steht zwischen Ihnen. Das ist ein seltsames Zeichen. Denn einerseits ist die Liebe vorhanden, andererseits kann sie nicht fließen. Liegt es an Ihnen oder an Ihrem Partner? Wahrscheinlich haben Sie beide Angst vor der großen Kraft der Liebe.

Position 5 Ihre Liebe bekommt eine zweite Chance. Öffnen Sie Ihre Herzen. Lassen Sie die Liebe wieder fließen! So ist es bestimmt.

KARTE VII

DER WAGEN

Gelingen

EPILOG Alles im Leben hat zwei Seiten. Wer die Liebe spürt, kennt auch den Hass, wer sich aufmacht in die Fremde, lässt Vertrautes zurück. Wer reich ist, fürchtet die Armut. In dieser Zweiheit des Lebens wird der Zweifel geboren, der endlose Kampf der Seele. Nun stelle ich mich den beiden Seiten und erfahre ein triumphales Gefühl. Ich kann das Leben annehmen wie es ist. Ich bin sicher und klar und verliere nicht meinen Weg.

BILD Ein blonder Held lenkt stark und triumphierend seinen Wagen. Die goldene Spitze am Stab in seiner rechten Hand steht für die edlen Ziele, zu denen er aufbricht. Mehrere Zeichen auf der Karte symbolisieren Gegensätzen und widerstreitende Kräfte, die der Wagenlenker ausbalanciert und in Einklang bringt: die weiße und die schwarze Sphinx im Bildvordergrund, der lächelnde oder der finster dreinblickende Mond auf seinen Schultern stehen für die dunkle und die helle Seite des Menschen. Das rote Lingam-Yoni-Symbol in der Wagenmitte symbolisiert das männliche und das weibliche Prinzip, das für die Vereinigung von männlichem und weiblichem Geschlecht steht.

DEUTUNG Der Wagen bedeutet Aufbruch. Er kann auf einen neuen Lebensabschnitt in Beziehung, Beruf, Wohnung, einen Ortswechsel, eine Reise hinweisen. Die Karte steht auch für den inneren Aufbruch, für einen weiteren Schritt auf der Lebensreise, für einen großen Sprung nach vorne, für die Überwindung von Gegensätzen oder Widersprüchen, etwa der Kluft zwischen Verstand und Gefühl, Wille und Trieb, Angst und Risikofreude. Sie zeigt an, dass wir einen inneren Kampf beenden, und über unsere Zweifel hinauswachsen, dass die Lösung von Problemen bevorsteht. Der Wagen deutet auf eine glückliche Entwicklung oder Wende hin. Diese Karte verkündet häufig einen Triumph, einen Sieg. Sie stellt aber auch eine Aufforderung dar, sich nicht ablenken zu lassen, sein Ziel zu verfolgen. Insbesondere ist die Karte ein Aufruf, seine Zweifel zu überwinden, eine Entscheidung zu treffen – und sie zu befolgen.

Die Bedeutung als Themenkarte

Sie bestimmen wie der Wagenlenker Ihr Leben und lassen sich von nichts und niemanden ablenken. Sie sind konzentriert und verfolgen Ihr Ziel.

Die Bedeutungen beim Karrierecheck

Position 1 Sie stehen vor einem großen Erfolg. Gelingen stellt sich ein, wenn es Ihnen möglich ist, Widersprüche zu überwinden und Ihr Ziel nicht aus den Augen zu verlieren.

Position 2 Lassen Sie sich nicht vom Auf und Ab der Börse oder Ihrer wirtschaftlichen Situation beeindrucken. Verfolgen Sie einfach Ihr Ziel.

Position 3 Man wird Ihnen dieses und jenes sagen. Wichtig ist, dass Sie sagen, was Sie wollen und sich von Ihrem Ziel nicht abbringen lassen.

Die Bedeutungen beim Liebesorakel

Position 1 In dieser Beziehung ist es wichtig, dass Sie Ihren eigenen Weg gehen. Fragen Sie also nicht, was will mein Partner, was will er nicht, und wie kann ich ihm gefallen, sondern tun Sie, was Ihnen selbst gut tut. Gehen Sie Ihren Weg!

Position 2 Sie haben einen starken Partner. Er weiß, was er will. Versuchen Sie daher nicht, zu sehr auf ihn einzugehen, es ihm recht machen zu wollen. Das führt zu gar nichts. Betrachten Sie diese Liebe als ein Geschenk des Himmels, das Sie nicht beeinflussen können.

Position 3 Diese Karte in dieser Position segnet Ihre Liebe. Alles ist wunderbar. Sie brauchen sich nicht anzustrengen, sondern können einfach nehmen, wie es kommt. Das Männliche und Weibliche, Yin und Yang, entsprechen sich und fließen ineinander.

Position 4 Die Position der Karte drückt aus, dass der Energiefluss in Ihrer Beziehung stagniert, weil Sie sich gegenseitig zu sehr aneinander orientieren. Hören Sie auf damit, denn nur wenn jeder in einer Beziehung tut, was er für richtig hält, kann Liebe geschehen.

Position 5 Jeder einzelne von Ihnen sollte den Weg gehen, den er für den richtigen hält, ohne Rücksicht auf den anderen zu nehmen.

KARTE VIII

KRAFT

Stärke

EPILOG Ich bin stark! Ich fühle die Energie in meinem ganzen Körper. Meine Gedanken sind klar, mein Herz ist ohne Angst. Ich bin sicher, handle instinktiv und begegne dem Leben mit Liebe und Lust. Ich lasse das Animalische in mir zu, bin wie ein Löwe – so furchtlos wie er und so verspielt. Mit Freude spüre ich meinen Körper, meine Sexualität, meine Triebe.
Essen macht satt. Ich weiß aber auch, dass es mich sättigt, wenn ich meine Lust und meine Sinnlichkeit lebe. Sex ist gesund und die schönste Sache der Welt.

BILD Eine weiße Frau und ein roter Löwe sind einander liebevoll zugewandt. Der Löwe ist der König der Tiere und gilt als Symbol menschlicher Stärke, Triebkraft, insbesondere der Sexualität. Die Frau ist eine Verkörperung der Hohepriesterin. Sie hat den Löwen gezähmt, spielt mit ihm ohne Angst und streichelt voller Lust seine wilde Mähne. Über ihrem Haupt schwebt eine liegende Acht als Zeichen für ihre unendliche Kraft. Die Köpfe von Löwe und Frau sind einander zugeneigt, sie erkennen einander.

DEUTUNG Die Karte steht für Phasen, in denen man sich mit Power und Motivation seinen Aufgaben widmen soll. Sie steht aber auch für eine leidenschaftliche Beziehung und stellt eine Aufforderung dar, Sexualität anzunehmen, zu lieben und zu leben. Denn wer seine Sexualität nicht lebt, unterdrückt seine eigene Lebenskraft. Wer sich vor ihr ängstigt, fürchtet sich auch vor dem Leben. Wer seine Sexualität nicht auslebt, wirkt nervös und angespannt.
Die Karte betont die Überlegenheit der Gefühle gegenüber dem Verstand. Dabei steht sie nicht für bloßen Sexismus, sondern impliziert, dass derjenige, der seine Sexualität lebt, nicht nur satt wird, sondern über seine Triebe hinauswächst. In einer Partnerschaft kann die Karte eine Aufforderung sein, der Sexualität mehr Aufmerksamkeit zu widmen.

Die Bedeutung als Themenkarte

Sie sind die Frau mit dem Löwen. Ihr Körper, Ihre Sinnlichkeit, Ihre Lust wird durch den Löwen versinnbildlicht. Fühlen Sie seine Kraft und seine Geschmeidigkeit. Nehmen Sie die Signale Ihres Körpers, insbesondere Lust und Sinnlichkeit, wahr. Seien Sie achtsam und empfänglich, damit Ihnen nichts entgeht.

Die Bedeutungen beim Karrierecheck

Position 1 Sie befinden sich in einer Phase, in der Wachsamkeit sehr wichtig ist. Beobachten Sie sich selbst, Ihre Wünsche und Begierden. Beobachten Sie, aber auch Ihre Geschäftspartner.

Position 2 Beobachten Sie Geldgeschäfte im Großen wie im Kleinen. Versuchen Sie Bewegungen am Geldmarkt zu verstehen. Treffen Sie erst dann Ihre Entscheidungen.

Position 3 Lassen Sie sich nicht gängeln. Es ist wichtig, dass Sie kreativ und selbstbestimmt arbeiten können. Betonen Sie Ihre Kraft. Zeigen Sie Ihre Stärke. Seien Sie unerschrocken – aber zeigen Sie auch Ihren Respekt anderen gegenüber.

Die Bedeutungen beim Liebesorakel

Position 1 Sie sind erfüllt von Leidenschaft, sind sinnlich und wollüstig. Und Sie möchten Ihre Lust erfahren. Diese Karte ist eine Aufforderung, Ihre Sexualität stärker zu leben. Erst wenn Sie satt sind, können Sie sich zufrieden zurücklegen.

Position 2 Ihr Partner ist wie ein wildes Tier, ein Faun, ein Geschöpf der Lust. Und zugleich wirken in ihm (oder ihr) Kräfte, die über reine Lustbefriedigung und den sexuellen Akt weit hinausgehen. Mit diesem Menschen finden Sie mehr als sexuelle Befriedigung.

Position 3 Die Basis Ihrer Partnerschaft ist Sinnlichkeit und Lust. Damit hat Ihre Beziehung ein sicheres Fundament. Diese Karte ist eine Bekräftigung und Bestätigung für Ihre sexuelle Beziehung.

Position 4 Sie blockieren Ihre Sexualität. Ihrer Beziehung fehlt das Wichtigste – tiefe, leidenschaftliche Sexualität. Was lähmt Ihre Sinnlichkeit? Ist es Angst? Gewohnheit? Eine andere Person?

Position 5 Sie brauchen mehr Sex und weniger »Kopf«. Die Karte verspricht Ihnen mehr Lust, mehr Freude, mehr Seligkeit – aber Sie müssen Ihren Gefühlen mehr vertrauen.

KARTE IX

DER EREMIT

Rückzug

EPILOG Ich bin allein. Für einen Moment spüre ich meine Einsamkeit. Ich erinnere mich an das bunte Treiben der Welt, an einen lieben Freund .... dann holt mich die Stille ein und erfüllt mich. Jetzt zähle nur ich selbst. Ich bin allein – aber nicht einsam, denn ich finde mich, wo immer ich hingehe. Ja, ich sehe mir zum ersten Mal wirklich in die Augen, nehme mich so an, wie ich bin. Ich spüre die Tiefe und Freiheit meiner Seele. Ich bin allein.

BILD Auf einer schneebedeckten Höhe steht ein grau gekleideter Mann, vor einem grauen Hintergrund. Im ersten Moment wirkt das Bild trist und freudlos, doch bei genauerem Hinsehen spürt man, dass der Eremit innere Ruhe und Sammlung ausstrahlt. Er hat die Einsamkeit des Gipfels gesucht. Er ist allein, wirkt aber nicht verlassen. Der goldene Stab der Zuversicht begleitet ihn auf seinem Weg, und der gelbe Stern in seiner Laterne weist ihm den richtigen Weg.

DEUTUNG Der Mensch geht in die Einsamkeit, um sich selbst zu finden. Er sucht die Wahrheit, das Licht, das ihm einen Weg zeigt. Immer schon gingen Menschen ganz bewusst diesen Weg: Buddha, Jesus und alle Eingeweihten und Yogis der Geschichte. Die Karte steht für Stille und für den Rückzug vom Trubel des Alltags. Sie fordert auf, innezuhalten, den Stress zu beenden und auszusteigen aus dem Karussell von Festen, Vergnügungen und Konsum. Wie der Eremit soll man jetzt eine Weile die Einsamkeit wählen, um zu erkennen, wer man ist, was ansteht, was Sache ist. Eine Phase der Selbstbesinnung ist angesagt. Unter Umständen kann damit tatsächlich auch der Rückzug an einen einsamen Ort gemeint sein, etwa auf einen Berg oder an einen verlassenen Flecken Erde. Auf keinen Fall sollte man jetzt den Lärm und das Chaos einer Großstadt suchen.

Die Bedeutung als Themenkarte

Suchen Sie die Einsamkeit. Gehen Sie durch den Tag, als wären Sie ein Einsiedler. Schauen Sie nicht nach rechts oder links, hüllen Sie sich ein in einen Kokon der Leere. Nichts existiert um Sie. Sie sind allein. Gehen Sie in die Natur oder an einen Ort, wo Sie für sich sein können. Meditieren Sie.

Die Bedeutungen beim Karrierecheck

Position 1 Bevor Sie eine Entscheidung treffen, ist es ratsam, sich zurückzuziehen. Hören Sie jetzt nicht auf irgendwelche Ratgeber. Fragen Sie niemanden. Hören Sie nur auf Ihre innere Stimme, auf Ihr Gewissen. Es ist wichtig, dass Sie jetzt alleine sind und niemand Sie ablenkt und stört.

Position 2 Ihre finanzielle Situation hat einen Punkt erreicht, an dem stilles Nachdenken wichtig ist und weiterhilft. Ziehen Sie sich zurück und treffen Sie dann eine Entscheidung.

Position 3 Bestimmte Dinge in Ihrem Leben haben sich verselbständigt; sie geschehen, ohne dass Sie einen inneren Bezug dazu feststellen können. Daher ist es wichtig, dass Sie sich zurückziehen, sich konzentrieren und Ihr Leben überdenken. Treffen Sie jetzt keine Entscheidungen und Vereinbarungen!

Die Bedeutungen beim Liebesorakel

Position 1 Diese Karte an dieser Position benennt ein Problem. Obwohl Sie einen Partner haben, sind Sie allein. Vielleicht haben Sie sich auch noch nicht richtig entschieden für diese Beziehung. In jedem Fall finden Sie nicht das, was eine erfüllte Partnerschaft ausmacht.

Position 2 Ihr Partner fühlt sich einsam, unverstanden, ungeliebt. Das muss nichts mit Ihnen zu tun haben, sondern wurzelt vielleicht in der Geschichte Ihres Partner. Versuchen Sie, ihn zu verstehen.

Position 3 In Ihrer Beziehung begegnen sich zwei einsame Menschen. Jetzt kommt es ganz darauf an, wie es weitergeht. Werden Sie vorsichtig und behutsam Ihre Rüstungen ablegen und sich einander nähern? Oder bleiben Sie verschlossen und für sich? Versuchen Sie herauszufinden, was Sie in der Vergangenheit verletzt hat, was Ihnen Angst macht.

Position 4 Die Karte der Einsamkeit an dieser Position verweist auf eine große Angst, die Ihre Beziehung belastet. Sie und/oder Ihr Partner können Ihre schmerzhafte Vergangenheit nicht loslassen. Suchen Sie eine Brücke, auf der Sie sich ohne Angst vor erneuten Verletzungen nähern können.

Position 5 Ihre Beziehung ist an einem Punkt angelangt, von wo aus ein gemeinsamer Weg nicht mehr möglich ist. Im Moment ist eine Trennung ratsam, sie muss in gar keinem Fall für immer sein.

KARTE X

RAD DES SCHICKSALS

Glück

EPILOG Ich erlebe das Schicksal wie ein Rad, das sich ununterbrochen dreht. Alles Wirken und Eingreifen scheint vergeblich. Ich kann die Kräfte des Schicksals nicht durchschauen. Ich bin machtlos.
So ist mein Leben ein ständiges Auf und Ab. Heute geht es mir gut, morgen fühle ich mich schlecht. Eben noch war ich leicht und froh, und jetzt bin ich nachdenklich und schwer. Ich begreife nicht, wie meine Stimmung so schnell wechseln kann. Ich möchte die schönen Stunden festhalten und genießen, die traurigen aber vermeiden.

BILD Die Abbildungen in den vier Kartenecken stellen die vier Evangelisten dar und stehen gleichzeitig für die vier Elemente: Lukas beziehungsweise Stier stehen für das Element Erde. Markus wird durch den Löwen dargestellt und steht für das Element Feuer. Matthäus ist zugleich der Engel und verkörpert das Luftelement. Und Johannes wird durch den Adler dargestellt, der das Wasserelement symbolisiert. Die drei Figuren, die direkt um das Rad angeordnet sind, stellen die Kräfte dar, die das Rad der Zeit in Bewegung halten. Das Wesen mit einem Hunde- oder Schakalkopf versinnbildlicht den Ägyptischen Gott Anubis, den aufsteigenden, schöpferischen Aspekt – das Werden. Die Sphinx repräsentiert das bestehende, bewahrende Prinzip, und der ägyptische Gott Seth, durch die Schlange dargestellt, die absteigende, vernichtende Seite.

DEUTUNG Das Rad des Schicksals verdeutlicht uns, dass das Leben fließt, dass wir nicht am Glück festhalten können, dass wir aber auch nicht im Schmerz erstarren. Diese Karte fordert uns auf, sich dem Schwung des Lebens zu ergeben. Zu akzeptieren, dass sich das Rad der Zeit in einem ständigen Auf und Ab weiter dreht. Je mehr wir versuchen, unser Schicksal, unser Karma, zu enträtseln, desto befreiter, sicherer und heiterer können wir leben. Wird die Karte für ein aktuelles Ereignis, ob in Liebe oder Beruf, gezogen, steht sie für eine positive Entwicklung. Es heißt, dass das Glück einem gewogen ist, beziehungsweise dass man dem Glück vertrauen und darauf setzen soll. Manchmal ermahnt die Karte regelrecht dazu, sich auf den Weg zu machen, um das Glück zu suchen. Das gilt besonders dann, wenn man sich selbst in einer unglücklichen Situation erlebt und diese Karte zum Beispiel als Zeitkarte aufdeckt.

Die Bedeutung als Themenkarte

Suchen Sie das Glück. Stehen Sie auf und sagen Sie sich, dass Sie glücklich sein werden. Beginnen Sie den Tag mit einem Lächeln. Suchen Sie das Glück, wo immer Sie glauben, dass es sich aufhält. Suchen Sie Menschen, die glücklich sind. Gehen Sie an Plätze und Orte, an denen das Glück am ehesten anzutreffen ist.

Die Bedeutungen beim Karrierecheck

Position 1 Sie haben eine Glücksphase, setzen Sie daher alles auf eine Karte. Vergrößern Sie Ihr Unternehmen, verschaffen Sie sich mehr Ansehen, werben Sie für sich, übertreiben Sie, nutzen Sie die Gunst der Stunde. Ein weiser Mann sagt: »Das Schönste am Glück ist, dass es nicht ewig währt ....!«

Position 2 Sie können Ihr Geld in die tollkühnsten Projekte stecken, und Sie werden Erfolg haben. Denken Sie aber auch daran, den Geldmarkt genau zu verfolgen, um rechtzeitig umdisponieren zu können. Bedenken Sie stets: Das Glück ist ein Rad, das sich auf- und abwärts dreht ....

Position 3 Sie können Ihre Unterschrift bedenkenlos auf jedes Papier und unter jedes Schriftstück setzen. Sie können auch selbst Verträge entwerfen und aushandeln. Alle Abmachungen stehen unter einem glücklichen Schicksal.

Die Bedeutungen beim Liebesorakel

Position 1 Mit dieser Partnerschaft springen Sie ins Glück. Sie haben richtig gewählt. Ganz gleich, was die anderen Karten sagen, Sie sind glücklich, und das allein zählt.

Position 2 Dieser Partner bringt Ihnen Glück. Er ist wie eine aufgehende Sonne, wie das Lächeln einer Sphinx. Lassen Sie sich vom Glück Ihres Partners anstecken. Dieser Mensch macht auch Sie glücklich.

Position 3 Zwischen Ihnen und Ihrem Partner steht das große Glück. Ihre Beziehung steht daher unter einem goldenen Regenbogen. Sie und Ihr Partner sind ein glückliches Paar.

Position 4 Das Glück hat Sie verlassen. Entweder Sie haben etwas falsch gemacht, oder das Schicksal hat sich gegen Sie entschieden. Jetzt fehlt Ihrer Beziehung das Wichtigste: Glück, Freude, Fröhlichkeit.

Position 5 Sie haben das Glück vergessen, das Ihre Beziehung einmal trug. Um es wiederzufinden, müssen Sie sich gemeinsam auf den Weg machen: Suchen Sie es in Ihren Träumen. Suchen Sie es in den Augen Ihres Partners oder wenn er/sie Sie in den Armen hält.

KARTE XI

GERECHTIGKEIT

Gewissen

EPILOG In mir ist tiefe Gewissheit über Recht und Unrecht. Es ist die Stimme meines Herzens, meines Gewissens. Sie ist nicht immer klar und deutlich zu vernehmen. Ich muss in mich hineinhören, meine Seele spüren. Mein Herz erzittert, wenn Unrecht geschieht, und es ist voll Mut und Entschlossenheit, wenn ich eine gerechte Sache vertrete. Ich fühle mich schwer, wenn ich Schuld auf mich lade, und atme erleichtert auf, wenn ich davon befreit bin. Ich habe ein ausgeprägtes Bewusstsein für Recht und Unrecht.

BILD Die Gerechtigkeit wird als Frau dargestellt. Es ist die Hohepriesterin (Karte II), die sich auf ihre innere Stimme, auf ihr Gefühl, auf die Stimme ihres Herzens verlassen kann. In der einen Hand trägt sie ein Schwert. Im Tarot ist das Schwert ein Zeichen für geistige Kraft. Das bedeutet, dass Gerechtigkeit nicht nur auf der gütigen und empfindsamen Stimme des Herzens aufbaut, sondern auch klar und entschieden ist. Die Waage in ihrer anderen Hand repräsentiert die Justiz und steht für Abwägen und Gewichten. Gerechtigkeit ist also nur möglich, wenn man alles abwägt, vergleicht und gewichtet.

DEUTUNG Die Karte Gerechtigkeit steht für ein klares, mit der Kraft des Herzens und dem Schwert der Vernunft getroffenes Urteil. Sie bildet dadurch den ergänzenden Gegenpol zu der Karte der Liebenden, die für spontane Herzensentscheidung steht. Die Gerechtigkeit fordert dazu auf, in aktuellen Fragen und Auseinandersetzungen den Blick auf das Wesentliche zu richten, der Stimme des Gewissens zu lauschen, neutral zu prüfen und abzuwägen: Was will man selbst, was will der andere, wie soll der nächste Schritt aussehen. Dabei kommt es vor allem darauf an, die Stimme des Herzens mit den Regungen des Verstandes zu verbinden und in Einklang zu bringen. Manchmal fordert die Karte auch dazu auf, eine neutrale und sachliche Position einzunehmen und sich emotional nicht nur für eine Seite zu engagieren.

Die Bedeutung als Themenkarte

Jetzt kommt es darauf an, dass Sie der Stimme Ihres Herzens folgen und mit Ihrem Verstand überprüfen. Es ist also weder eine rein verstandesmäßige noch eine rein emotionale Entscheidung gefragt. Finden Sie heraus, wie Sie die Brücke zwischen Herz und Verstand schlagen können.

Die Bedeutungen beim Karrierecheck

Position 1 Sie befinden sich in einer Situation, in der Sie eine objektive, neutrale, überparteiische Position einnehmen müssen. Sie dürfen jetzt nicht ungerecht, emotional oder einseitig sein.

Position 2 Jetzt ist der richtige Zeitpunkt, um Außenstände einzufordern. Wenn Sie selbst jemandem etwas schulden, ist jetzt ein guter Moment, es zurückzugeben. Bei allen Geschäften ist absolute Gerechtigkeit ausschlaggebend. Versuchen Sie nicht, jemanden zu übervorteilen.

Position 3 Dies ist die beste Karte für Verträge und Vereinbarungen. Jede Unterschrift, jede Abmachung, jedes Versprechen, jedes Wort wird im Schutze der Gerechtigkeit getroffen.

Die Bedeutungen beim Liebesorakel

Position 1 Es ist wichtig, dass Sie gerecht sind. Seien nicht zu emotional, lassen Sie sich aber auch nicht nur vom Verstand leiten. Wägen Sie ab. Betrachten Sie Ihren Partner und die Liebe zwischen Ihnen unter dem Aspekt der Gerechtigkeit.

Position 2 Ihren Partner umgibt die Aura der Gerechtigkeit. Was er sagt und tut ist ausgewogen. Seien Sie achtsam im Umgang mit dieser Person.

Position 3 Ihre Beziehung ist rechtens. Sie bekommen vom Geist des Tarots die Bestätigung für Ihre Liebe sozusagen mit Brief und Siegel. Ist das nicht wunderbar?

Position 4 Es ist etwas faul in Ihrer Beziehung. Die Karte der Gerechtigkeit steht als mahnender Geist zwischen Ihnen und Ihrem Partner. Versuchen Sie herauszufinden, was damit gemeint ist.

Position 5 Die Karte der Gerechtigkeit an dieser Position verkündet eine positive Veränderung für Ihre Liebe. Haben Sie Vertrauen. Alles entwickelt sich zum Guten.

KARTE XII

DER GEHÄNGTE

Demut

EPILOG Ich habe mich ergeben. Wie ein Blatt treibe ich im Wind und erkenne, wie sinnlos meine Anstrengungen waren, die Situation zu verändern. Festgefahren und gescheitert ergebe ich mich. Ich schaukle im Wind und betrachte die Welt mit neuen Augen. Mein verzweifelter Kampf, mein ganzer Schmerz hat sich verwandelt und gibt mir neue innere Kraft.

BILD Die Karte des Gehängten berührt einen zuerst unangenehm. Man erschrickt sogar davor. Doch schaut man sie genauer an, entdeckt man den gelben Strahlenkranz, der das Haupt des Gehängten umgibt und die grünen Blätterranken am Querbalken des Kreuzes. Dreht man dann die Karte um, so dass der Gehängte aufrecht steht, verliert die Karte vollends ihre Bedrohlichkeit. Der Eindruck einer positiven Karte wird dann noch durch die leuchtend rote Hose, die der Gehängte trägt, verstärkt: Dieser Mensch ist nicht leidend oder gar tot, sondern äußerst lebendig. Rot ist die spirituelle Farbe für Weisheit. Die Farbe seines Hemdes, Blau, wiederum steht für Glaube, Weisheit, Liebe und Hingabe.

DEUTUNG Die Karte des Gehängten zeigt eine Krise an, gleichzeitig aber auch den Weg heraus aus der Krise, den wir gehen sollen oder den wir bereits eingeschlagen haben. Sie besagt, dass eine wundervolle Verwandlung geschieht, wenn wir uns ergeben, wenn wir in Demut die unumstößliche Situation annehmen. Die Zwickmühle, in der wir festsitzen, wie etwa eine schwierige berufliche Situation, eine problematische Partnerschaft, ein ungewolltes, unbefriedigendes Singledasein oder sogar eine Krankheit, löst sich wie von selbst. Voraussetzung ist allerdings, dass man sich »ergibt«. Damit ist gemeint, dass man aufhört zu kämpfen, die Bedingungen annimmt und sein Schicksal akzeptiert. Dann kehrt sich alles um: Aus Ohnmacht erwächst Stärke. Aus Leid entsteht Erhabenheit. So bedeutet die Karte Prüfung, Demut, Gehorsam und Hingabe an den Fluss des Lebens. Sie verweist aber auch auf die Gnade, die jeden ereilt, der sich »ergibt«. Denn dann kehrt sich alles um, wie ja auch der Gehänge umgekehrt, mit dem Kopf nach unten, abgebildet ist. Dann wird aus Angst Hoffnung, aus Schwäche Stärke, und Armut verwandelt sich in Reichtum.

Die Bedeutung als Themenkarte

Sie befinden sich in einer ausweglosen Situation. Unternehmen Sie nichts, Sie würden sich nur noch mehr verstricken. Machen Sie das Beste aus Ihrer Lage: Versuchen Sie, eine entgegengesetzte Position zu beziehen. Das befreit.

Die Bedeutungen beim Karrierecheck

Position 1 Sie sind an einem Punkt angekommen, wo Sie mit gängigen Mitteln nicht weiterkommen. Betrachten Sie Ihre Lage daher aus einer anderen Perspektive. Nehmen Sie selbst die Position der anderen, zum Beispiel Ihrer Mitarbeiter, ein. Unternehmen Sie keine weiteren Anstrengungen mehr. Der Weise sagt: »Kopf unter sieht die Welt ganz anders aus!«

Position 2 Es ist eine ausgesprochen ungünstige Zeit für Geldgeschäfte. Warten Sie, und nehmen Sie Ihre wirtschaftliche Situation hin, wie sie ist. Wenn Sie jetzt aktiv werden, machen Sie alles nur noch schlimmer.

Position 3 Rechnen Sie damit, dass Abmachungen, die Sie treffen, zu Ihren Ungunsten ausgehen. Es könnte aber auch sein, dass eine zunächst ungünstige Angelegenheit doch noch eine günstige Wende nimmt.

Die Bedeutungen beim Liebesorakel

Position 1 Ihre Situation ist festgefahren, Sie befinden sich in einer Lage ähnlich der des Gehängte auf der Karte. Was wollen Sie jetzt machen? Weiterkämpfen? Viel besser ist es sich zu ergeben und alles aus einer entgegengesetzten Position zu betrachten. Vielleicht hilft Ihnen diese Perspektive weiter.

Position 2 Ihr Partner ist handlungsunfähig. Versuchen Sie nicht, weiter in ihn zu dringen. Lassen Sie ihn sich selber finden. Das ist die einzige Chance.

Position 3 Ihre Beziehung ist festgefahren. Hier sind zwei Menschen in einer ausweglosen Situation. Jetzt müssen Sie warten. Alles Handeln macht es nur noch schlimmer. Betrachten Sie Ihre Situation aber auch aus einer entgegengesetzten Position.

Position 4 Sie haben ein Problem, das Ihre Liebe bedrückt, sie lähmt und erniedrigt. So kann es nicht weitergehen. Und dennoch können Sie jetzt nicht handeln. Sie müssen abwarten.

Position 5 Halten Sie inne. Die Karte verweist auf eine baldige Wende. Aber diese Wende kommt nicht aus dem Tun, sondern sie entsteht aus dem Nichtstun, aus der Passivität. Ergeben Sie sich, haben Sie Vertrauen.

KARTE XIII

TOD

Wandlung

EPILOG Ich sterbe – also lebe ich! Der Tod ist überall. Jede Sekunde kann er mich treffen. Im Grunde bewegt sich mein Leben fortwährend auf ihn zu. Jeder Augenblick bringt mich ihm näher. Doch Leben kann sich nur erfüllen, wenn Sterben geschieht. Ich erkenne, dass sich alles Lebendige im ständigen Wandel befindet, kommt und geht, entsteht und vergeht. Jeder Neubeginn ist immer das Ende des Alten. Leben ist Tod. Tod ist Leben.

BILD Der geheimnisvolle schwarze Ritter trägt das schwarze Banner des Todes. Die mystische weiße Rose auf dem Banner ist ein Symbol des neuen Lebens, das durch den Tod eingeleitet wird. Dargestellt ist der Ritter zwar als Skelett, doch befindet sich dieses Skelett nicht in einem Zustand des Zerfalls – ein Hinweis darauf, dass die Karte nicht das Vergehen, das grausige Ende signalisiert. Diese Karte steht für Verwandlung und Loslassen. Der niedergestreckte König unter dem Pferd verkörpert den Tod des eigenen Egos. Die Sonne im Bildhintergrund und der Bischof erstrahlen in einem hellen Gelb als Zeichen für einen heraufziehenden neuen Tag nach der Nacht und als Sinnbild der Wiedergeburt nach dem Tod.

DEUTUNG Dem Tod in die Augen zu schauen ist nicht leicht, und so ist es auch nicht einfach, sich mit dem Inhalt dieses Bildes auseinanderzusetzen. Die Karte Tod bedeutet das große Loslassen, das natürliche Ende, den Abschied. Sind nicht alle ständig auf der Flucht vor dem Abschiednehmen? Bleibt eigentlich Zeit, richtig loszulassen und zu trauern? Reißt nicht jeder eine Türe nach der anderen auf, um dort etwas Besseres, Aufregenderes, Erfreulicheres zu finden, ohne die vorherige richtig zu schließen? Aber damit etwas wirklich Neues entstehen kann, braucht man Zeit, um Abschied zu nehmen. Die Karte besagt, dass Sie bereit und stark genug sind für die notwendigen Veränderungen im Leben. Sie kündigt eine neue Lebensphase an. Unter Umständen verkündet sie die Trennung von einer geliebten Person, das Ende einer Beziehung, einer Freundschaft, eines Arbeitsverhältnisses. Es kann auch eine Warnung sein, das Leben nicht zu ernst zu nehmen.

Die Bedeutung als Themenkarte

Betrachten Sie alles aus der Perspektive der Vergänglichkeit, also mit den Augen des Todes. Was immer Sie sehen, hören, riechen, berühren ist vergänglich. Dazu gehören die Menschen, denen Sie begegnen, aber auch Sie selbst. Lassen Sie diese besondere Stimmung auf sich wirken. Bedenken Sie jedoch, dass Vergänglichkeit nur ein Übergangsstadium ist. Danach wird wieder etwas Neues entstehen.

Die Bedeutungen beim Karrierecheck

Position 1 Diese Karte signalisiert eine schwierige und existenzielle Situation. Möglicherweise erfährt Ihre berufliche Situation einen »Tod« und damit einen neuen Anfang. Möglich ist aber auch, dass der Tod als Warnung erscheint, einen bisher eingeschlagenen Weg zu verlassen. Richtig ist, sich auf Veränderungen einzustellen. Falsch ist, gegen Veränderungen anzukämpfen.

Position 2 Sie haben sich verrechnet, falsch spekuliert. Sie müssen einen Verlust in Kauf nehmen. Je eher Sie bereit sind, auf- und abzugeben, desto eher können Sie neu beginnen.

Position 3 Im Lichte der Karte des Todes sind sämtliche Abmachungen, Verträge, Unterschriften und Vereinbarungen null und nichtig.

Die Bedeutungen beim Liebesorakel

Position 1 Sie haben zumindest innerlich mit dieser Beziehung abgeschlossen. Möglicherweise ist es Ihnen selbst noch nicht bewusst. Dann ist es wichtig, dass Sie diesen Gedanken zulassen und sich mit ihm auseinandersetzen.

Position 2 Auch wenn er es selbst noch nicht weiß, können Sie davon ausgehen, dass Ihr Partner sich zur Trennung entschlossen hat. Beschäftigen Sie sich damit und fragen Sie sich, welchen Anteil Sie daran haben.

Position 3 In der Form, in der Sie Ihre Beziehung derzeit leben, ist das Ende absehbar. Das heißt aber nicht zwangsläufig, dass es zu einer Trennung für immer kommen muss. Denn mit dem Tod geht auch eine positive Veränderung einher.

Position 4 Die Karte signalisiert das drohende Ende der Beziehung. Bestenfalls ist es eine Warnung. Sie besagt, dass sofort etwas unternommen werden muss, wenn die Beziehung noch gerettet werden soll.

Position 5 Ihre Partnerschaft ist festgefahren. Eine Veränderung ist unumgänglich. Sprechen Sie offen über Ihre Beziehung und Ihre Probleme. Nur ein neuer Anfang kann noch etwas retten.

KARTE XIV

MÄSSIGKEIT

Mitte

EPILOG Ich lebe aus meiner Mitte heraus. Was ich denke, empfinde und tue, ist ausgewogen und stimmig. Ich habe eine feste Meinung, aber ich bin nicht starrsinnig. Ich bin empfindsam, aber nicht empfindlich. Ich bin offen für neue Erfahrungen, aber ich verliere mich nicht darin. Ich habe meine Mitte gefunden und lebe nach dem rechten Maß.

BILD Das Bild symbolisiert die Vereinigung von Himmel und Erde, die Balance. Der Erzengel Michael, Bewohner des Himmels, berührt die Erde. Er steht mit einem Fuß auf dem Land, mit dem anderen im Wasser. Er ist offen, aber gefestigt. Er verliert sich weder im Wasser, also in der Tiefe seiner Gefühle, noch im Schwung seiner Taten. Sein Leben ist erfüllt von harmonischem Wechsel, wie das Wasser, das in den Kelchen immer wieder seine Form findet, sich sammelt und verströmt, ruht und in Bewegungen ist. Auf der Stirn trägt der Engel das Zeichen der Sonne, auf der Brust sind ein Quadrat und ein Dreieck, Zeichen der Sieben als heilige Zahl. Im Hintergrund ist eine strahlende Sonne, das Symbol des ewigen Lebens.

DEUTUNG Mäßigkeit klingt altmodisch und wird heute oft als Mittelmäßigkeit im Sinn von Durchschnittlichkeit missverstanden. Ursprünglich aber war »Mäßigkeit« eine der antiken Kardinalstugenden. Sie bedeutet das rechte Maß, das Gefühl der Mitte, der Harmonie, Ausgewogenheit und Balance. Alles, die Natur wie der Mensch, braucht einen Ausgleich. Wer das missachtet, vergeudet Kraft und Energie. Denn ein Körper, der sich nicht erholt, verzehrt sich selbst. Gedanken, die nicht zur Ruhe kommen, werden eng und dumpf. Wer nur seine weibliche Seite lebt, ist überempfindlich und ohne Energie, und wer nur seine männliche zeigt, wird gefühllos und grob. Die Karte rät zum goldenen Mittelweg bei der Lösung von Problemen. Sie rät zum Abwägen anstatt zu schnellen, gefühls- oder verstandesbetonten Reaktionen. Sie steht für eine Phase des harmonischen Einklangs von Körper, Seele und Geist und für eine liebevoll und innig erlebte Intimität in der Partnerschaft.

Die Bedeutung als Themenkarte

Alles ist im Gleichgewicht, alles findet seine Mitte, ist harmonisch, ausgeglichen und friedlich. Gehen Sie mit dieser Einstellung vor. Suchen Sie nicht das Unstimmige, Kantige und Eckige. Wichtig ist, dass Sie auch selbst diese Stimmung ausstrahlen. Argumentieren, handeln und wirken Sie aus Ihrer Mitte heraus.

Die Bedeutungen beim Karrierecheck

Position 1 Berücksichtigen Sie bei Ihren Entscheidungen so viele Gesichtspunkte wie möglich. Lassen Sie sich Zeit. Betrachten Sie Ihr Vorhaben von verschiedenen Seiten und aus unterschiedlichen Perspektiven. Wägen Sie ab. Es ist jetzt nicht der Zeitpunkt für übermäßige Aktivitäten. Besonders ungünstig und schädlich sind Streit und Zwietracht.

Position 2 Achten Sie auf Ihre Finanzen. Vergewissern Sie sich, dass Ihre Mitarbeiter keine Fehler machen. Achten Sie auch auf mögliche Unstimmigkeiten und Unterschlagungen. Diese Karte kann ein Hinweis auf innerbetriebliche Schlampereien sein.

Position 3 Alles ist im Gleichgewicht. Sie können davon ausgehen, dass Sie und alle beteiligten Partner zu ihrem Recht kommen.

Die Bedeutungen beim Liebesorakel

Position 1 Sie haben Ihre Mitte gefunden. Sie stehen fest auf der Erde. Sie sind ganz bei sich und dennoch auch ganz bei Ihrem Partner. Das ist eine wunderbare Karte für Sie und Ihre Liebe.

Position 2 Ihr Partner ist ein ausgeglichener Mensch. Er ist bei sich und ist dennoch offen. Sie haben einen wundervollen Menschen gefunden. Es lohnt sich in jedem Fall, sich näher auf ihn einzulassen, ihn kennenzulernen und bei ihm zu bleiben.

Position 3 Das ist eine wunderbare Position für diese Karte. Sie zeigt, dass Ihre Liebe vollendet ist. Dass sich Mann und Frau im Gleichklang und Austausch befinden. Größer kann eine Liebe eigentlich gar nicht mehr sein.

Position 4 Wenn diese Karte zwischen Ihnen steht, sich als ein Hindernis auftürmt, so deutet sie auf ein Ungleichgewicht zwischen Ihnen und Ihrem Partner hin. Geben und Nehmen sind nicht im Gleichgewicht. Das hemmt Ihre Liebe.

Position 5 An dieser Position verkündet die Karte eine baldige Korrektur Ihrer Beziehung. Die Liebe wird wieder fließen, sie werden stärker aufeinander eingehen, den anderen ebenso deutlich wahrnehmen wie sich selbst.

KARTE XV

DER TEUFEL

Besessenheit

EPILOG Die Sehnsucht treibt mich. Die Gier hält mich umschlungen. Ich bin wie besessen und kann nicht mehr klar denken. Ich mobilisiere meine sämtlichen Energien: Ich will, was ich will! Obwohl ich elend, verzweifelt und erschöpft bin, finde ich keine Ruhe. Ich bin wie vom Teufel besessen. Ich habe meine Mitte verloren, bin zum Spielball meiner eigenen Gedanken und Wünsche geworden. Ich bin verflucht, verloren, komme nicht los, so sehr ich mich auch bemühe. Ich bin wie ein Teufel!

BILD Dargestellt ist ein furchterregendes Wesen mit Fledermausflügeln, Adlerklauen und Steinbockhörnern. Es ist ein Fabelwesen, ein Wesen, das in Flora und Fauna nicht existiert. Es symbolisiert die Verzerrung der Realität. Auf seiner Stirn befindet sich ein Fünfstern, das Pentagramm. Dieses zeigt mit der Spitze nach unten und ist damit ein Zeichen schwarzer Magie im Unterscheid zur weißen. Der schwarze Bildhintergrund symbolisiert die Angst vor dem Unbekannten. Die beiden Gestalten unter dem Teufel sind wieder die Liebenden der Karte VI. Doch sind sie hier aneinander und gemeinsam an den Teufel gekettet. Damit wird ausgedrückt, dass sie vom Teufel besessen sind, dass statt Liebe Hass, Gier und Eifersucht vorherrschen.

DEUTUNG Man gelangt unter den Einfluss des Teufels, wenn man seine Mitte verliert. Das macht maßlos und stur, man ist von Ängsten gebeutelt, ist gewalttätig und gierig. Aber der Teufel ist nicht nur Sinnbild für das Schlechte und Böse. Er kommt auch mit der Kraft der Verführung, um uns aus festgefahrenen Bahnen zu reißen. Er symbolisiert die Faszination, die vom anderen Geschlecht ausgeht, die Anziehungskraft der Liebe und vor allem der Sexualität. Jedem hält er seine Schwächen, Ängste und Begierden vor Augen. Erst der Teufel macht uns zu Menschen, denn er gibt uns Gelegenheit, bewusst zu werden: über eine fixe Idee, eine selbstzerstörerische Einstellung, eine quälende Beziehung, eine erniedrigende Arbeit. Die Karte des Teufels erscheint stets, wenn man blind ist für sich selbst.

Die Bedeutung als Themenkarte

Sie begegnen dem Teufel. Dafür benötigen Sie Mut und Vertrauen. Der Teufel »steckt« überall, im großen Ganzen genauso, wie im Detail. Er kann sich in einem Brillantring verstecken oder in einem Glas Wein. Und er lockt aus jedem Menschen, auch aus Ihnen. Der Teufel hat Macht, weil man ihm verfällt. Und man nimmt ihm seine Macht, wenn man sich umdreht und seinen Verlockungen widersteht.

Die Bedeutungen beim Karrierecheck

Position 1 Wenn Sie so weitermachen, ruinieren Sie sich, Ihre berufliche Situation und gegebenenfalls Ihr ganzes Unternehmen. Kommen Sie zur Ruhe. Finden Sie heraus, was hinter Ihrer Besessenheit steckt: Angst? Gier? Unsicherheit?

Position 2 Sie sind mit dem Teufel im Bunde und bereit, Ihre Großmutter zu opfern, um reich und bedeutend zu werden. Sie werden dem Teufel auch noch Ihre Seele verkaufen.

Position 3 Verträge, die Sie schließen, werden Sie binden und knüppeln. Auch wenn es so aussieht, als ob es Ihnen Vorteile brächte, ist ein Vertrag im Moment ungünstig. Warten Sie ab.

Die Bedeutungen beim Liebesorakel

Position 1 Die Karte des Teufels an dieser Stelle offenbart Ihre Besessenheit. Ihre Gier oder Ihre Angst halten Sie gefangen. Sie können sich nicht frei entscheiden.

Position 2 Ihr Partner ist wie vom Teufel besessen. Vielleicht ist er von Ihnen abhängig. Dennoch ist es seine Gier, die ihn fesselt. Es ist immer seine Leidenschaft oder seine Eifersucht.

Position 3 Sie sind beide miteinander verwoben, wie mit Ketten gebunden. Sie kommen nicht los. Etwas übt Macht über Sie aus.

Position 4 An dieser Position verweist die Karte auf eine tiefe innere Angst, auf eine Lähmung. Es ist die Angst vor tiefer Leidenschaft, vor dem Unbewussten, vor dem Dunkeln und dem Unbekannten, das in Ihnen und in Ihrer Partnerschaft ist. Ihre Beziehung ist bedroht!

Position 5 Diese Karte verrät eine Art Befreiung. Bald wird etwas Gewaltiges geschehen, das Ihre Beziehung schlagartig verändern wird.

KARTE XVI

DER TURM

Zerstörung

EPILOG Der Blitz trifft mich aus heiterem Himmel. Eben noch war ich sicher, getragen von einem erhabenen Gefühl, jetzt ist mir, als würde ich fallen. Mein Atem stockt, meine Muskeln verkrampfen sich, mein Herz schlägt laut. Ein dumpfes Pochen erfüllt meinen Körper ...:
Ich falle!
Ich bin verloren!
Ich habe verspielt!

BILD Der Blitz schlägt in einen hohen Turm ein und zerstört seine Krone. Die Krone steht für das Ego des Menschen, der sich in Selbstgefälligkeit verloren hat. Eine blau gekleidete Frau und ein rot gewandeter Mann stürzen in die Tiefe. Das Grau des Turmes und der Wolken symbolisiert Depression und Verzweiflung, die durch den dunklen Hintergrund und die gelben Feuerzungen noch verstärkt werden.

DEUTUNG Die Zerstörung hat viele Gesichter: Kritik, Verlust, Trennung, Niederlage, Enttäuschung, Misserfolg, Krankheit, Tod. Alles, was den Menschen erniedrigt, ihn quält, heimsucht, belastet und kränkt, türmt sich in ihm auf, bis es ihn schier erstickt. Die Zerstörung ist unausweichlich und unerbittlich. Es gibt keine Möglichkeit, ihr zu entkommen oder ihr zu entfliehen, man kann sich nur ergeben. Erst wenn man sich fallen lässt, die Furcht erlebt, beginnt man den Sinn zu ahnen: es ist die Vertreibung aus dem selbsterschaffenen Paradies, die Zerstörung der Illusionen, der Bruch des Ego, das Erkennen der Wirklichkeit. Die aktive Deutung der Karte lautet: Wenn man sich traut, vom Turm zu springen, sich eingesteht, dass man es nicht mehr aushalten kann und um Gnade fleht, setzt man große Energien frei, die im Bild durch den Blitz dargestellt werden. Der Turm kann auch signalisieren, dass man sich nach einer Zeit der Kälte oder Starrheit und Unnahbarkeit plötzlich überaus sensibel einer Beziehung öffnet.

Die Bedeutung als Themenkarte

Sie müssen mutig sein, da Ihr Unterbewusstsein gerade diese Karte ausgewählt hat. Sie müssen bereit sein für eine große und wesentliche Erfahrung. Denn das Bild vom Turm der Zerstörung bezieht sich nicht auf Äußerlichkeiten. Die Zerstörung geschieht immer im Inneren, in der Seele. Hier wird das Ego zertrümmert, der Stolz, die Überheblichkeit, die Enge des Verstands. Wenn Sie sich dessen bewusst sind, kann Ihnen nichts geschehen. Seien Sie ehrlich zu sich selbst. Wo sind Sie überheblich, wo muss bei Ihnen etwas zerbrechen ...?

Die Bedeutungen beim Karrierecheck

Position 1 Sie sind zu weit gegangen. Was Ihnen jetzt zustößt, ist kein hartes Schicksal, sondern eine Konsequenz Ihrer Überheblichkeit. Jetzt werden Sie in Frage gestellt. Oft beinhaltet die Karte auch nur eine Warnung, einen Appell, in der gegenwärtigen Manier nicht weiterzumachen, sondern mehr Offenheit, Kollegialität und Einsicht walten zu lassen.

Position 2 Stehen Sie vor dem Ruin? Haben Sie alle Ihre Ressourcen erschöpft? Haben Sie auf Sand gebaut? Sperrt Ihre Bank Ihre Wechsel? Im Extremfall kann die Karte das alles bedeuten. In der Regel allerdings signalisiert sie eine Warnung, will aufmerksam machen, wachrütteln und Sie vor allzu materialistischem Denken warnen.

Position 3 Im Licht der Karte der Zerstörung ist das Letzte, woran Sie denken sollten, Verträge und Vereinbarungen abzuschließen.

Die Bedeutungen beim Liebesorakel

Position 1 Sie haben sich eine Festung aus Stolz und Überheblichkeit gebaut. Dahinter verbirgt sich tiefe Angst, doch anstatt sich diese Angst einzugestehen, verbarrikadieren Sie sich. Das ist nicht gut.

Position 2 Ihr Partner ist voller Angst, aber unfähig, sie zu zeigen. Er mauert sich ein, nimmt sogar die Position des Überheblichen ein. Können Sie ihm helfen, sich aus dieser Lage zu befreien, bevor der Turm zerbricht?

Position 3 Das ist eine kritische Position der Karte. Sie verweist auf das drohende Ende Ihrer Beziehung. Ihre Liebe ist bedroht. Seien Sie achtsam.

Position 4 In Ihrer Partnerschaft herrscht große Angst. Sie schwebt über Ihrer Beziehung wie ein böser Geist, der Macht über Sie besitzt. Es ist die uralte Angst, verlassen zu werden. Vielleicht hilft es Ihnen, darüber zu sprechen.

Position 5 Etwas Gewaltiges geschieht in Ihrer Beziehung. Es sieht bedrohlich aus, ist aber letztendlich eine Befreiung. Haben Sie keine Angst. Es wird Ihnen und Ihrer Liebe gut tun.

KARTE XVII

DER STERN

Überfluss

EPILOG Ich bin voller Sehnsucht, aber es gibt nichts, was mein Sehnen stillen könnte .... Ich liege auf einer Wiese und betrachte das unendliche Blau über mir .... Ich sitze auf einem Berg und sehe in die grenzenlose Weite .... Ich befinde mich unter nächtlichem Himmel und verliere mich im Meer der Sterne .... Ein feines Vibrieren erfüllt mich. Ich fühle mich leicht und erhaben. Ich spüre die Unendlichkeit ....

BILD Eine nackte Frau kniet in einer paradiesischen Umgebung. Aus zwei Krügen gießt sie das Wasser des Lebens über See und Land. Wasser macht die Erde fruchtbar. Somit erfüllt das Wasser des einen Kruges seine irdische Bestimmung, nämlich zu nähren. Wasser, das sich im Wasser verströmt, ist hingegen ein Zeichen von Überfluss. Weitere Symbole auf dieser Tarotkarte verkünden günstige Zeiten: Die Sterne stehen für astrologisches Glück. Ihre Anzahl sowie die Strahlen verkünden himmliche Güte. Der Baum bedeutet gewachsene Weisheit. Er war in der keltischen Baumastrologie sowohl Grundlage des Kalenders als auch sämtlicher Zukunftsprognosen. Der Vogel ist ein Hinweis auf ein günstiges Vogelflugorakel.

DEUTUNG Die Sternenfrau ist ein Sinnbild für die höchste Hingabe des Menschen, ein Symbol für das Gefühl von Überfluss, Grenzenlosigkeit und Verschmelzung. Es überkommt einen Menschen, wenn er in einer sternenklaren Nacht in die Ewigkeit blickt. Ein wonniges Gefühl. Der Stern, eine der glückverheißenden Karten des Tarot, kündigt an, dass ein Traum in Erfüllung gehen wird. Dass Dinge, die jetzt geplant und begonnen werden, eine wunderbare Zukunft besitzen. Dass Geschäfte, Projekte oder Verhandlungen erfolgversprechend sind. Wer krank oder deprimiert ist, dem verkündet die Sternenkarte baldige Besserung. Für die Liebe sagt der Stern glückliche Zeiten mit einem (neuen) Partner voraus.

Die Bedeutung als Themenkarte

Etwas berührt Ihre Seele und erhebt Sie. Es ist, als wären Sie im Paradies, als wären Sie erleuchtet. Es ist eine besondere Gnade, die Sie erleben dürfen. Seien Sie dankbar.

Die Bedeutungen beim Karrierecheck

Position 1 Sie sind auf dem Gipfel Ihres Erfolges. Wie ein leuchtender Stern sind Sie anderen ein Wegweiser. Sie haben erreicht, wovon Sie immer träumten, und Sie haben sich auf Ihrem Weg nicht von Ihrer Bestimmung entfernt. Sie sind wahrhaftig geblieben.

Position 2 Jetzt ist der richtige Zeitpunkt, um Ihren Reichtum zu genießen, Ihr Geld auszugeben und mit Freunden Ihren Reichtum zu teilen. Denn Geld, das nicht ausgegeben wird, verliert seinen Zauber. Ihre Geschenke und Ihre Großzügigkeit werden Ihnen in vielfacher Weise zurückgegeben.

Position 3 Im Lichte der Karte der Sterne stehen natürlich alle Verträge, Absprachen und Vereinbarungen unter besonders guten Vorzeichen.

Die Bedeutungen beim Liebesorakel

Position 1 Mehr ist eigentlich gar nicht möglich. Ihre Liebe hat alles, um erfüllt und glücklich zu sein – sogar noch viel mehr.

Position 2 Das Tarot ordnet Ihrem Partner eine der schönsten Karten zu. Wenn Sie ihn auch so sehen, lieben Sie Ihren Partner sehr, und alles ist wunderbar. Wenn Sie ihn aber ganz anders, weniger leuchtend, erleben, ist es an der Zeit, Ihre Meinung über ihn zu ändern.

Position 3 Diese Karte verweist auf eine glückliche Liebe. Sie sagt Ihnen, dass Sie zu Ihrem Partner gehören und gemeinsam mit ihm/ihr das Schönste finden, was es gibt: Verschmelzung und Erlösung.

Position 4 Sie sind irgendwo auf dem Weg, der Sie zueinander führen sollte, stehengeblieben und verharren jetzt in abwartender Position. Vielleicht aus mangelndem Vertrauen? Vielleicht sind es auch Erfahrungen aus einer früheren Partnerschaft, die dazu führten? Nehmen Sie einen neuen Anlauf. Lassen Sie diese großartige Chance nicht ungenutzt.

Position 5 Etwas Wundervolles geschieht. Sie werden aus festgefahrenen Positionen ausbrechen und aufeinander zugehen, wie Götter, wie erleuchtete Wesen. Ihrer Liebe winken Glanz und Ruhm.

KARTE XVIII

DER MOND

Illusion

EPILOG Ich suche Gewissheit. Ich habe Gedanken, Ahnungen, Visionen. Alles ist wirklich und unwirklich zugleich, verfängt sich im Netz meiner Gedanken und gleitet dennoch immer wieder in undurchsichtige Dunkelheit. Gefühle verdichten sich und vergehen. Ich irre im Nebel. Für einen Moment sehe ich alles ganz klar, aber der nächste Augenblick macht wieder alles zunichte. Ich glaube vorwärts zu gehen, aber drehe mich nur im Kreis.

BILD Am nächtlichen Himmel leuchtet der Mond zwischen zwei Türmen. Ein Krebs erhebt sich aus dem See. Er symbolisiert die niederen Triebkräfte des Menschen. Ein gewundener, sich verengender Weg führt zum Licht, doch er ist mühsam und gefährlich. Er wird von einem Hund und einem Wolf bewacht. Während der Hund die positiven Aspekte des Instinktes verkörpert, die uns nützlich sein können, symbolisiert der Wolf die negativen Seiten, die uns gefährlich werden können. Er entspricht Cerberus, dem Höllenhund, dessen Aufgabe es ist, keine Seele aus der Unterwelt entweichen zu lassen. Das Blau des Himmels und des Wassers, das alle anderen Farben überstrahlt, steht für die Kraft des Glaubens und der Liebe, die aus der Welt des Zweifels und des Scheins herausführen kann.

DEUTUNG Die Karte des Mondes steht für die tiefsten Eingebungen, für ahnungsvolle Träume und Visionen. Aber genau wie der Mond das Licht der Sonne nur widerspiegelt, so wachsen in seinem Schein Täuschungen, Illusionen und Wahnvorstellungen. Im Licht des Mondes sind die Dinge nicht das, was sie zu sein scheinen. Auch wenn an der Oberfläche alles friedlich wirkt, können sich darunter Betrug, Hinterlist und Missverständnisse verbergen. Der Mond ist auch ein Sinnbild für Leichtgläubigkeit, die uns vor allem im Alltag, im Beruf und bei Geldangelegenheiten zum Verhängnis werden kann. Die Mondkarte steht für Beziehungen, die von romantischen, verträumten Gefühlen, von Luftschlössern und Illusionen geprägt sind. Sie mahnt uns, mit Entscheidungen vorsichtig zu sein, den Dingen auf den Grund zu gehen und Schein und Wirklichkeit auseinander zu halten.

Die Bedeutung als Themenkarte

Seien Sie ganz »mondisch«, voller Ahnungen, Stimmungen, Gefühle, Ideen, Launen ... Sie befinden sich in einer kreativen Phase. Aber nichts ist gewiss. Alles kann so sein oder ganz anders. Hören Sie auf den Mond. Nehmen Sie alles auf, aber treffen Sie noch keine Entscheidungen. Warten Sie ab.

Die Bedeutungen beim Karrierecheck

Position 1 Wenn Sie sich schon abplagen mit dieser Schufterei im Management, dann vergessen Sie wenigstens das Lächeln nicht. Genießen Sie, was Sie glauben, tun zu müssen. Rationalisieren Sie Ihre Firma, investieren Sie in die moderne Technik, legen Sie sich ein neues Outfit zu, lernen Sie, wie man Menschen führt, richtig wirbt, managt. Aber vergessen Sie nie: es ist alles ein grandioses Theater, ein wunderhübscher Schein.

Position 2 Der Geldfluss folgt wie alles Materielle dem Mond, nimmt also zu und ab. Wundern Sie sich also nicht. Sie können dieser natürlichen Bewegung nicht entgegenwirken. Das Einzige, was Ihnen vielleicht gelingt, ist, den Geldfluss zu beobachten, um den richtigen Zeitpunkt für An- oder Verkauf herauszufinden.

Position 3 Im Lichte der Karte des Mondes gelten alle Abmachungen so lange wie der Mond scheint. Mit anderen Worten: Morgen kann alles wieder ganz anders sein.

Die Bedeutungen beim Liebesorakel

Position 1 Sie sind sich Ihrer Liebe nicht ganz sicher. Sie spüren zwar tiefe Gefühle, wissen aber noch nicht, ob Sie sich darauf verlassen können. Warten Sie ab, die Zeichen werden bald deutlicher sein – in die eine oder in die andere Richtung.

Position 2 Ihr Partner fühlt Liebe, hat aber Angst davor. Es ist sich seiner Gefühle nicht sicher. Sie dürfen ihn jetzt nicht drängen. Lassen Sie ihm Zeit.

Position 3 Der Mond an dieser Stelle verrät, dass Ihre Beziehung auf einem schwankenden Fundament steht. Ihre Liebe ist wie der Mond, der täglich seine Gestalt ändert. Das ist interessant, aber leider nicht sehr zuverlässig.

Position 4 Sie wollen Gewissheit, wo es keine gibt. Mit Ihrer Sucherei zerstören Sie am Ende noch alles. Genießen Sie, was Sie haben.

Position 5 Der Mond nimmt sich Ihrer Liebe an. Er wird Sie begleiten und schützen. Sie befinden sich jetzt in einer unsicheren Phase. Aber schon bald werden Sie sicher sein.

KARTE XIX

DIE SONNE

Glanz

EPILOG Ich fühle mich gut. Ich spüre wohlige Wärme, die von überall herkommt: aus der Luft, aus der Erde, aus meinem Herzen und aus meinem Bauch. Ich bin froh und unbeschwert und genieße sorglos den Tag. Der Himmel ist blau, weiße Wolken treiben von nirgendwoher nirgendwohin. Die Rose wächst, die Lerche singt, der Atem strömt ungehindert. Ich bin was ich bin. In meinem Herzen schwingt der goldene Glanz der Sonne.

BILD Ein Kind reitet auf einem Pferd durch eine paradiesische Landschaft mit Sonnenblumen, die von einer riesigen Sonne, dem Symbol allen Lebens, überstrahlt wird. Das Kind repräsentiert den neuen Menschen, der in Übereinstimmung mit dem Göttlichen selber zu einem Licht, zu einer Sonne wird. Siegerkranz und Siegerflagge deuten auf die vollbrachte Wiedergeburt hin. Zugleich ist die große rote Fahne ein Symbol der unbändigen Lebenskraft und ähnelt einem Band, das Himmel und Erde miteinander verbindet. Das weiße Pferd steht für die Zähmung und die Reinigung des elementaren, sinnlichen Menschen.

DEUTUNG Die Sonne hat unendliche Kraft. Es ist eine Kraft, die sich niemals erschöpft. Ihr Licht schenkt der Welt unglaublichen Glanz. Ihre Energie macht froh und hoffnungsvoll. Ihr Feuer weckt Leidenschaft. Mit der Sonne entstand alles Leben. Sie begrüßt die Welt täglich aufs Neue.
Die Sonne ist eine der positivsten Karten im Tarot. Sie zeigt uns eine Zeit des inneren Erwachens und des Reifens an. Sie verkündet die Sonnenseite des Lebens. Sie verheißt eine Zeit, die geprägt ist von Selbstvertrauen, Selbstbewusstsein. Sie verkündet eine Periode ohne Ängste und Sorgen. Die Karte der Sonne steht oft für eine (baldige) neue Liebe oder für ein Wiederaufbrechen der Gefühle in einer (alten) Partnerschaft. Sie kann auch die Geburt eines Kindes ankündigen.

Die Bedeutung als Themenkarte

Betrachten Sie alles aus den Augen des Kindes auf der Sonnenkarte. Es ist ein Glück, zu leben. Es ist eine Gnade, jeden Morgen aufzuwachen und einen neuen Tag vor sich zu haben. Es ist ein Geschenk. Seien Sie dankbar und nehmen Sie jede einzelne Sekunde wie einen Sonnenstrahl des Glücks.

Die Bedeutungen beim Karrierecheck

Position 1 Betrachten Sie Ihre Karriere, Ihre Führungsposition, Ihre Verantwortung als göttliches Spiel. Seien Sie schöpferisch und übernehmen Sie denTeil an der Schöpfung, der Ihnen durch Ihre Position in die Hände gelegt wurde. Über all Ihrem Tun steht der Glanz der Sonne.

Position 2 Betrachten Sie den Umgang mit Geld als ein schöpferisches Spiel, nicht verkrampft, sondern leicht, unschuldig und absichtslos. Über Ihren Geldgeschäften waltet ein gütiges Schicksal, sogar unerwartete (Spiel-)Gewinne sind möglich.

Position 3 Was unter der Sonne ans Licht kommt, hat Bestand. Allerdings dürfen jetzt nicht im Detail herumkramen oder Pfennig fuchsen. Seien Sie großzügig und haben Sie Vertrauen.

Die Bedeutungen beim Liebesorakel

Position 1 Vertrauen Sie dem Leben. Nichts kann Ihnen geschehen. Das Tarot verkündet nur Gutes für Sie. Sie haben Apoll, den Sonnengott, auf Ihrer Seite. Sein Glanz macht Sie anmutig, fröhlich, liebevoll.

Position 2 Über Ihrem Partner steht die Karte der Sonne. Das heißt, dass ihm eine besondere Gnade zuteil ist. Jetzt ist es wichtig, dass auch Sie den Glanz der Sonne in Ihrem Partner entdecken: in seinen Augen, in seinen Berührungen, in seinem Herzen.

Position 3 Die Sonne selbst ist Zeuge Ihrer Liebe, das ist eine große Ehre. Sie sind im Glück. Sie leben eine großzügige und herzliche Liebe.

Position 4 Die Karte an dieser Position weist auf ein Hindernis in Ihrer Beziehung hin. Sie bremsen sich gegenseitig, sind zu vorsichtig und haben Angst vor Ihrer eigenen Großzügigkeit. Im Grunde aber haben Sie nur Angst, Ihr Herz zu verlieren.

Position 5 Eine große Gnade steht Ihnen bevor. So wie die Sonne am Morgen mit einem goldenen Strahlenkranz erwacht, so wird auch Ihre Liebe erwachen. Seien Sie bereit für eine prächtige Zukunft!

KARTE XX

GERICHT

Auferstehung

EPILOG Ich fühle mich wie neugeboren. Ich kann wieder frei atmen, die Last drückt nicht mehr, der Schmerz ist vorüber. In meinen Augen leuchtet ein frischer Glanz. Ich erhebe mich in großer Dankbarkeit. Jetzt kenne ich meine Bestimmung, und damit erhält mein Leben einen Sinn.
Ich fühle mich wie neugeboren, auferstanden. Ich bin ein anderer Mensch.

BILD Der Erzengel Gabriel, dessen Name »Stärke Gottes« bedeutet, ist mit der Posaune und dem Banner der Auferstehung abgebildet. Mit dem Klang seines Instruments weckt er die grauen Seelen aus der irdischen Beschränkung und aus ihrer Leiblichkeit. Den Bildinhalt können wir als das Jüngste Gericht interpretieren. Doch geht es weder um die Bestrafung und Verdammnis in Zusammenhang mit dem Jüngsten Gericht, noch hat die Karte überhaupt etwas mit Verurteilung zu tun. Es geht um Auferstehung, Erlösung, Befreiung, um Transformation und um einen Neubeginn auf einer höheren Ebene. Die Nacktheit der Bildfiguren offenbart die Geschlechtlichkeit, die Geheimnisse von Geburt, Vereinigung und Tod, die bekannte und unbekannte Seite der Sexualität.

DEUTUNG Im Licht dieser Karte erfährt der Mensch die Auferstehung, den existenziellen Neubeginn. Die Vergangenheit ist vorüber. Sie wird abgestreift, wie eine alte Haut, und man erhebt sich in einer neuen erhabenen Gestalt. Der Mensch findet die Einsicht, die ihn leitet. Er erhebt sich, wie der Phönix und wird von seinen Ängsten und Zweifeln befreit. Die Karte Gericht bedeutet Heil und Gelingen für jeden Neubeginn, wie Bewerbungen, Vorstellungen, Gehaltsverhandlungen, Kündigungen, Verträge oder Geschäftsverbindungen. Für die Liebe verweist die Karte auf die »wahren Werte« einer Partnerschaft. Sie steht für das, was wirklich zählt und vielleicht sogar über das jetzige Leben hinausweist. Die Karte signalisiert also auch karmische Verbindungen und Verstrickungen. Last but not least, ist die Karte eine Huldigung an den Geist, der sich aus seiner Körperlichkeit befreit.

Die Bedeutung als Themenkarte

Sie entdecken, dass Ihr Geist etwas anderes ist als Ihr Körper. Das erfüllt Sie mit großer Freude. Sie verstehen, dass Sie frei sind, wenn Sie frei sind von Abhängigkeiten und Wünschen. Diese Erkenntnis macht einen neuen Menschen aus Ihnen.

Die Bedeutungen beim Karrierecheck

Position 1 Ihr bisheriges Tun ist das Maß für Ihr zukünftiges Wirken, das Alte wird auf einer höheren Stufe fortgesetzt. Haben Sie Vertrauen. Möglicherweise bezieht sich die Karte aber auch auf Sie als eine Person, die über andere zu Gericht sitzt. Dann ist es wichtig, dass Sie Ihre Aufgabe gewissenhaft ausführen.

Position 2 Im Lichte der Karte der Auferstehung ist es wichtig, zu vertrauen. Im Moment werden die Karten neu gemischt. Aber Sie können sicher sein, dass nichts, was Sie geleistet und erbracht haben, verloren geht.

Position 3 Abmachungen, die Sie im Lichte der Karte Auferstehung treffen, führen zu einer Ausdehnung Ihres bisherigen Wirkungsbereiches.

Die Bedeutungen beim Liebesorakel

Position 1 Sie leben eine Liebe, die über alles hinauswächst, was Sie bisher kannten: Es ist die Liebe des Geistes und die damit verbundene Freiheit.

Position 2 Dieser Mensch ist überaus wichtig für Sie. Er kennt Sie seit vielen Leben. Er wird auch dieses Mal ein Stück Weges mit Ihnen gehen.

Position 3 Sie kennen sich aus einem früheren Leben und sind sich nun wiederbegegnet. Achten Sie unbedingt auf die Würde des anderen. Versuchen Sie nicht, den anderen zu gängeln. Sie sind zwei große Seelen, die sich auf ihrer Lebensreise zusammengetan haben.

Position 4 Eine karmische Verstrickung fesselt Ihre Liebe. Etwas aus einem früheren Leben wirkt in die jetzige Liebe hinein. Sie kommen nicht weiter, wenn Sie nicht die Verstrickungen aus der Vergangenheit erkennen.

Position 5 Etwas Wunderbares geschieht mit Ihrer Liebe. Sie werden einen Neubeginn erleben. Haben Sie Vertrauen. Seien Sie jetzt nicht ängstlich oder kleinlich.

KARTE XXI

DIE WELT

Freiheit

EPILOG Ich lebe in der Welt, aber ich gehöre ihr nicht. Ich habe keine Herkunft und keine Zukunft. Ich bin weder Mann noch Frau, weder jung noch alt. Ich kann jeden Menschen lieben und jeden verlassen. Ich bin stark und voller Glückseligkeit. Ich bin ich, und gleichzeitig bin ich alles, was mich umgibt: ein Baum oder ein Vogel, eine Wolke oder ein Stern. Ich bin frei, grenzenlos frei.

BILD Die tanzende Figur auf dem Bild ist weder Mann noch Frau. Als Hermaphrodit ist sie zweigeschlechtlich und damit »ganz« geworden. Die beiden »Zauberstäbe« repräsentieren die ewigen Gegenkräfte, die in den Händen der tanzenden Gestalt ihre Polarität verlieren. Die Figur ist umgeben von einem ellipsenförmigen Lorbeerkranz. Die Kranzbinden in Form einer liegenden Acht sind Zeichen der Unendlichkeit. Umringt wird die Figur von den vier Cherubinen oder Urkräften des Lebens: dem Stier für das Erdelement, dem Löwen für das Feuer, dem Adler als erlöstem Skorpion für das Wasser, sowie dem Engel für das Element Luft.

DEUTUNG Das Ziel des Lebens ist die Befreiung von Abhängigkeit. Je reifer der Mensch ist, desto freier wird er: von gesellschaftlichen Bevormundungen, beruflichen Zwängen, Ängsten, Tabus, Wünschen. Frei zu werden bedeutet immer, alte Konditionierungen abzustreifen und die Trägheit zu überwinden. Im Licht dieser Karte erfährt der Mensch diese Befreiung. Die Weltkarte versinnbildlicht positive Veränderung. Für einen Arbeitsplatz- oder Wohnungswechsel ist jetzt der richtige Zeitpunkt. Diese Karte kündigt auch eine Reise, geschäftliche Verbindungen ins Ausland, Auswanderung oder einen Ausstieg aus dem Beruf an. Sie drückt aus, dass wir in einer Partnerschaft leben, die uns erfüllt, bzw. dass wir bald auf den ersehnten Lebensgefährten treffen. Die Karte erscheint auch, wenn die Geburt eines Kindes bevorsteht oder wenn erwachsene Kinder das Elternhaus verlassen. Am Bedeutsamsten ist jedoch der Hinweis der Karte auf geistige Befreiung. Was auf der Karte XX, der Auferstehung, begann, setzt sich jetzt fort, ja ist jetzt erst richtig vollendet.

Die Bedeutung als Themenkarte

Setzen Sie auf den Geist und nicht auf Ihre Körperlichkeit. Entdecken Sie, dass Ihr Geist etwas anderes ist und frei ist von Ihrem Körper. Dass er ihm entkommen kann, wie aus einem Gefängnis. Sie können jetzt das überwältigende Gefühl erleben, frei zu sein.

Die Bedeutungen beim Karrierecheck

Position 1 Mehr können Sie nicht erwarten. Sie haben unbegrenzte Möglichkeiten. Was immer Sie anpacken, es wird gelingen. Seien Sie jetzt nicht kleinmütig. Verlangen Sie viel, und Sie werden viel bekommen. Geben Sie sich nicht mit Halbheiten und einem Kompromiss zufrieden. Greifen Sie nach den Sternen!

Position 2 Handeln Sie, als hätten Sie unbegrenzte Möglichkeiten und Mittel. Gehen Sie zu einer Bank oder zu einem Freund und leihen Sie sich Geld, wenn Sie welches benötigen. Sie bekommen überall Kredit. Wenn Sie die Wahl haben, investieren Sie in Auslandsgeschäfte.

Position 3 Verträge sind überflüssig, Sie werden dadurch nur gebunden. Ein Vertrag hinterlässt jetzt die gleiche Wirkung, als würde man einem Vogel die Flügel stutzen.

Die Bedeutungen beim Liebesorakel

Position 1 Ihre Liebe ist ein Geschenk des Himmels. Sie sind gebunden und dennoch völlig frei. Sie haben den Menschen gefunden, der Sie nicht einengt, sondern Ihnen noch mehr Freiheit schenkt, weil er Ihnen hilft, sich zu transformieren, über Ihr Ego hinauszuwachsen.

Position 2 Dieser Mensch ist absolut das schönste Geschenk, das es gibt. Betrachten Sie ihn als einen Boten des Kosmos, der in Ihr Leben tritt, um Sie zu erfühlen, zu erfüllen und zu befreien.

Position 3 Sie gehören zusammen, aber zugleich sind Sie kein Paar im üblichen Sinne. Versuchen Sie daher nie, diese Beziehung zu festigen. Jeder Versuch wäre das Ende.

Position 4 Ihre Beziehung stagniert. Sie sind festgefahren. Was Sie falsch machen, ist, dass Sie sich gegenseitig festhalten. Lassen Sie sich los. Geben Sie sich frei.

Position 5 Ihre Beziehung erreicht ein neues Stadium. Sie werden zu einem Paar, das getragen ist von gegenseitiger Freiheit und gegenseitigem Respekt. Mit diesem Menschen werden Sie das Höchste finden, was es überhaupt gibt: Wahlverwandtschaft.

KARTE 0

DER NARR

Unschuld

EPILOG Ich weiß, dass ich nichts weiß – aber selbst das vergesse ich immer wieder. Meine Herkunft ist mir so unbekannt, wie das, was kommen wird.
Was mich zum Lachen bringt? Alles! Das Licht der Sonne und das Lied des Regens. Im Winter schmelzen die Schneeflocken in meiner warmen Hand. Vielleicht bin ich trunken, und vielleicht ist hier das Ende der Welt. Ich bin nichts als ein Nichts.

BILD Ein blondgelockter Jüngling steht auf einem Felsvorsprung. Seine Haltung zeigt Kraft und Dynamik, mit der er sich auf die Reise des Lebens begibt. Obwohl er direkt am Abgrund steht und es so aussieht, als sei er schrecklich leichtsinnig, naiv, fahrlässig und töricht, ist er der glücklichste Mensch auf der Welt, denn er sieht den Abgrund nicht. So kann er auch nicht hineinstürzen. In seiner linken Hand hält er eine weiße Rose, das Zeichen des ewigen Lebens. Der kleine weiße Hund versinnbildlicht zum einen die tierischen oder sinnlichen Fähigkeiten, den Instinkt. Zum anderen ist er ein Symbol der absoluten Treue und Ergebenheit. Der gelbe Himmel zeigt Erleuchtung an und die weiße Sonne unsere spirituelle Quelle, Weisheit, die Erleuchtung.

DEUTUNG Der Narr ist die seltsamste Trumpfkarte im Tarot. Die Tarotmeister haben die unterschiedlichsten Meinungen über ihn. Der eine behauptet, er sei von Anfang an dabei gewesen, der andere weiß, dass ihn erst die Zigeuner dazugemischt hätten. Seine Bedeutung reicht vom Menschlein vor seiner Bewusstwerdung bis zum eigentlichen Weisen und Wissenden. Diese Unklarheit über ihn entspricht genau seiner Natur. Einen wirklichen Narren kann man nicht festlegen, er ist allemal nur das Spiegelbild der Welt. Der Narr symbolisiert einen Neubeginn. Einen Wechsel der Lebenseinstellung, der mit Optimismus in Angriff genommen wird. Er steht für das innere Kind, für spontane vorurteilsfreie Offenheit. In den Zeiten, die durch diese Karte gekennzeichnet sind, ist das Leben bunt und manchmal chaotisch und verwirrend. Der Narr deutet den Beginn einer unbekümmerten Partnerschaft an oder bringt wieder mehr Fröhlichkeit und Lebenslust in bereits bestehende Beziehungen. Diese Belebung kann auch durch ein Kind ausgelöst werden.

Die Bedeutung als Themenkarte

Lassen Sie sich treiben, seien Sie ein Kind, ein Narr, ein Verrückter. Was immer Ihnen widerfährt, nehmen Sie es nicht ernst. Bringen Sie Leichtigkeit und Freude in Ihr Leben. Lachen ist allemal die beste Medizin.

Die Bedeutungen beim Karrierecheck

Position 1 Gehen Sie nach Hause, vergessen Sie Ihre Termine, Ihre Rolle als Chef – und seien Sie nichts weiter als ein Mensch. Wenn Sie lachen können, wird alles erträglich.

Position 2 Wie wäre es, wenn Sie mit einem Schlag Ihr ganzes Geld verlieren würden? Schrecklich? Dann sind Sie noch weit entfernt davon, ein weiser Narr zu sein. Erst wenn Sie verstehen, dass Geld noch nie glücklich gemacht hat, dürfen Sie mit dem Narren um die Wette lachen.

Position 3 Lassen Sie die Finger von jeder Unterschrift, die Sie binden könnte. Richtige Freiheit bekommen Sie niemals durch einen Vertrag. Die müssen Sie sich nehmen.

Die Bedeutungen beim Liebesorakel

Position 1 Sie sind ein Narr. Das müssen Sie einstecken. Aber jetzt kommt es ganz darauf an, wie Sie es nehmen. Sie können Ja sagen und wie ein fröhliches Kind das Leben genießen. Oder Sie können sich zu Ernsthaftigkeit ermahnen und das Spiel abbrechen.

Position 2 Ihr Partner ist ein Narr. Aber das bringt Farbe in Ihr Leben. Das ist wunderbar, wenn Sie es nehmen können.

Position 3 Der Narr in dieser Position verrät, dass Ihre Beziehung auf einem schwankenden Fundament steht. Das kann sehr aufregend und fröhlich sein, kann aber auch Angst machen.

Position 4 Die Karte an dieser Position sagt, dass Ihnen die Leichtigkeit fehlt. Sie nehmen alles viel zu ernst.

Position 5 Lachen ist die beste Medizin. Was Ihrer Beziehung jetzt hilft, ist Leichtigkeit, ein Witz, Humor und nicht Ernsthaftigkeit und Schwere.

ASS DER STÄBE

Lebendigkeit

EPILOG Ich richte mich auf und spüre meine Stärke. Ich atme tief ein und aus und entdecke meine Lust, dem Leben die Stirn zu bieten, mich hineinzustürzen in das Leben. Es ist herrlich, zu wissen, dass ich Kraft habe und nichts zu befürchten brauche. Die Welt steht mir offen. Ich betrachte das Leben als einen Spielplatz meiner Kraft und meiner Möglichkeiten. Ich bin Feuer! Ich habe Kraft. Ich bin lebendig. Ich handle – also bin ich.

BILD Ein hölzerner Stab mit grünen Trieben wird aus dem Himmel überreicht. Die frischen Pflanzentriebe repräsentieren die allgemein menschlichen und die individuellen Triebe und sind ein Zeichen dafür, dass das Leben ein göttliches Geschenk ist. Der Stab ist als Phallussymbol abgebildet und verkörpert das Feuerelement, das sich in Tatkraft, Aktivität, Männlichkeit, Lebenskraft und Energie ausdrückt. Auch Sexualität, männliche Potenz und phallische Kraft gehören dazu, denn sie sind der Inbegriff der Feuerkraft. Die drei Bäume am unteren Bildrand stehen für Sexualität, Kinder und Kreativität, die zentralen Themen, die dem Feuer zugeordnet sind.

DEUTUNG Lassen Sie Ihrer Power freien Lauf, wenn Sie diese Karte erhalten. Unternehmungslust, Mut und Risikofreude sind angesagt. Die Zeit der Blockaden ist vorbei. Sie können sich bei allen Vorhaben auf Ihre Kraft, Ihre Energie, Ihren Tatendrang verlassen. Das Stabass kündet oft einen Neubeginn an: einen wichtigen Brief, ein bedeutendes Dokument, eine Reise. Es verkündet Chancen, seine Fähigkeiten, Talente und Interessen zu verwirklichen und seine Ziele zu erreichen. Bei Bewerbungsschreiben und Terminen kommt es weniger darauf an, Wissen und Können zu betonen, sondern vor allem, dynamisch und vital zu sein. Die Karte verkündet auch inneres Wachstums, Reifeprozesse, Selbstverwirklichung, Kreativität. In bestehenden Partnerschaften verkörpert das Ass der Stäbe Wärme, Lebendigkeit und Begeisterung füreinander. Und Singles offenbart es die innere Bereitschaft für eine neue Beziehung und die Aussicht auf interessante Begegnungen.

Die Bedeutung als Themenkarte

Legen Sie los. Warten Sie nicht mehr. Jetzt ist Ihr Feuer wichtig, Ihre Begeisterung und Ihre Kraft, andere mitzureißen, werden gebraucht. Jedes weitere Warten ist vertane Zeit. Legen Sie los.

Die Bedeutungen beim Karrierecheck

Position 1 Sie sind Feuer. Sie sind stark. Es ist herrlich, Kraft zu haben und nichts zu fürchten. Alles steht Ihnen offen. Das ganze Leben ist ein Tummelplatz Ihrer Kraft und Ihrer Möglichkeiten. Es kann losgehen. Weitere Überlegungen sind überflüssig.

Position 2 Jetzt ist keine Zeit, um sich lange mit Geldgeschäften aufzuhalten. Wenn Sie Geld haben, geben Sie es aus oder investieren Sie es in eine möglichst gewinnbringende Anlage. Nicht Besitz ist wichtig, sondern dass Sie handeln.

Position 3 Achten Sie darauf, dass Abmachungen nicht zu Ihrem Nachteil abgefasst werden oder Sie einengen und behindern.

Die Bedeutungen beim Liebesorakel

Position 1 Sie haben Kraft, Willen, Feuer und jede Menge Sexappeal. All das wollen Sie leben. Jetzt ist es wichtig, ob die anderen Karten dafür stehen, dass Sie Ihre gewaltigen Energien auch ausleben können.

Position 2 Dieser Partner steht unter Flammen. Er ist vital, energisch, aber vor allem hat er sexuelle Leidenschaft. Wesentlich ist nun, wie die anderen Karten beschaffen sind, ob sie zu diesem Feuer passen.

Position 3 Zwischen Ihnen und Ihrem Partner fließt ein Energiestrom. Dazu gehört auch die Sexualität. Es könnte sein, dass ein Kind Ihre Liebe erfüllen wird.

Position 4 Die Karte auf dieser Position verweist auf ein ernstes Problem. Etwas blockiert Sie. Sie können Ihre Energien nicht austauschen. Vielleicht sind es sexuelle Probleme, die Sie quälen.

Position 5 Es ist wie ein Frühling nach einem langen Winter. Sie spüren Ihre Energien wieder. Lust spielt in Ihrer Beziehung wieder eine Rolle. Sie sind erlöst aus Ihrem Winterschlaf.

ZWEI DER STÄBE

Unentschiedenheit

EPILOG Ich möchte die Welt und das Leben besser kennenlernen, hinausgehen ins offene Land, die Weite kosten. Ich spüre meine Energie und Lebenskraft, aber ich bin noch unentschlossen. Der Feuerstrahl, der mir einen eindeutigen Weg weist, leuchtet noch nicht auf. Vielleicht ist mein Weg auch verstellt. So warte ich und betrachte die verschiedenen Möglichkeiten, die mir offen stehen. Ich bin sicher, dass meine Zeit kommen wird.

BILD Ein rotgewandeter Fürst oder ein reicher Kaufmann steht auf den Zinnen seines Schlosses oder Herrenhauses und sieht in die Welt. Die eine Hand umfasst einen Stab, in der anderen hält er die Weltkugel, die ein Sinnbild für die eigene Weltauffassung ist, während der Stab dafür steht, diese Auffassung in die Tat umzusetzen. Und dafür sollte man die Ansichten und Handlungsweisen der anderen Menschen kennen. Hierfür steht der zweite, unberührte Stab im Bild. Graue Berge und ein großes Wasser im Hintergrund deuten die Schwierigkeiten und Hindernisse an, die überwunden werden müssen. Die weißen Lilien zeigen die guten Absichten und die roten Rosen die Hingabe an das Ziel.

DEUTUNG Die Karte signalisiert, dass Sie noch Zeit und zusätzliche Informationen benötigen, um sich entscheiden zu können. Wenn Sie jetzt handeln, riskieren Sie Fehler. Gehaltsverhandlungen, Kündigungen oder finanzielle Investitionen stehen jetzt unter keinem guten Stern. Besser ist, noch abzuwägen und abzuwarten. Auch von den Menschen in Ihrem Umfeld kommen jetzt mehr Absichtserklärungen als tatsächliche Hilfen. Auch für das Beziehungsleben kennzeichnet diese Karte eine Zeit des Abwägens, Abwartens und der Prüfungen. Die brennenden und quälenden Fragen lauten: »Ist er beziehungsweise sie der/die Richtige?«, »Kann ich mein Herz ganz öffnen?«, »Kann ich voll vertrauen?«

Die Bedeutung als Themenkarte

Jetzt müssen Sie sich mit Zweifeln herumschlagen. Die Karte bedeutet aber auch, dass Sie schlicht und einfach warten sollen. Wenn Sie jetzt loslegen, machen Sie nur Fehler. Also machen Sie es sich gemütlich. Wie heißt es doch so schön? »Abwarten und Tee trinken«.

Die Bedeutungen beim Karrierecheck

Position 1 Bezähmen Sie Ihre Ungeduld, auch wenn es Ihnen in den Fingern juckt. Statt zu handeln, sollten Sie sämtliche Möglichkeiten abwägen. Die Zeit ist ungünstig für Aktionen und Taten.

Position 2 Sie suchen nach Möglichkeiten, um Ihre wirtschaftliche Situation zu verbessern. Aber Sie sehen (noch) keine klare Lösung. Warten Sie ab, bis die Zeichen eindeutig sind.

Position 3 Absprachen stehen auf schwachen Füßen, sind nicht eindeutig, unbestimmt oder zu Ihren Ungunsten abgefasst. Unterschreiben Sie nichts. Warten Sie auf eine klärende Situation. Ziehen Sie einen Fachmann zu Rate.

Die Bedeutungen beim Liebesorakel

Position 1 Diese Karte signalisiert, dass Sie zutiefst unsicher sind über Ihre Liebe. Das ist so. Daran kann man nichts zurechtrücken. Solche Phasen können sehr fruchtbar sein, weil sie einen weiterbringen.

Position 2 Ihr Partner wird von Zweifeln geplagt. Dringen Sie jetzt nicht in ihn, Sie würden seine Unsicherheit nur noch vergrößern. Warten Sie einfach ab.

Position 3 Die Karte in dieser Position verrät die Unsicherheit Ihrer Liebe. Vielleicht ist es nur ein augenblickliches Phänomen, vielleicht ist es aber ein grundsätzliches Problem Ihrer Liebe.

Position 4 Ihre Liebe stagniert. Sie trauen sich nicht, die eine Frage laut zu stellen, die für Ihre Beziehung ausschlaggebend sein kann: ist Ihre Liebe über jeden Zweifel erhaben?

Position 5 Sie und Ihre Liebe gehen unsicheren Zeiten entgegen. Es kommen Zweifel auf, vielleicht drängen sich andere Menschen in Ihre Beziehung. Seien Sie achtsam.

DREI DER STÄBE

Festigkeit

EPILOG Ich habe mich entschieden! Fest und sicher stehe ich mit beiden Beinen auf der Erde. Nichts kann mich umwerfen. Ich fühle mich stark genug, am Lebensspiel teilzunehmen, etwas zu riskieren, Neues zu erleben. Ich brauche niemanden, der mich beschützt. Meiner Vergangenheit kehre ich den Rücken zu. Sie liegt hinter mir. Ich schaue in die Zukunft, erwartungsvoll und voller Tatendrang.

BILD Ein Mann schaut auf das offene Meer. Sein Blick schweift über einen leuchtenden Horizont. Fest steht er auf der Anhöhe und schaut zu, wie seine Geschäfte florieren. Er wartet auf eine Reise oder ein Schiff. In seiner Kleidung spiegelt sich seine Haltung wieder. Sein roter Mantel drückt Lebenskraft, Ruhe und Erhabenheit aus. Sein grüner Überwurf symbolisiert Sympathie und Hoffnung, und der blaue Ärmel steht für den Glauben an sich selbst. Stäbe repräsentieren im Tarot das Element Feuer, und die Zahl Drei steht für Festigkeit und Entschlossenheit. Die drei Stäbe bedeuten also, dass das Feuer seine stabile Form gefunden hat.

DEUTUNG Die Drei der Stäbe bedeutet Wachstum, Unternehmungsgeist und Aufbruchsstimmung. Jetzt ist die richtige Zeit zum Handeln. Sie befinden sich in einer ausgezeichneten Position. Wenn Sie jetzt nichts tun, ist die Gefahr groß, dass Sie Ihren Schwung verlieren und zurückfallen in Zweifel und Unsicherheit. Vorhaben, die man jetzt beginnt, sind von Erfolg gekrönt. Die Karte drückt auch Phasen gelungener Teamarbeit oder sonstiger hoffnungsvoller Zusammenarbeit aus. Sie kann auch bedeuten, dass man die Früchte geleisteter Arbeit nun ernten kann und positive Ergebnisse bevorstehen. In Liebesbeziehungen steht die Drei der Stäbe für eine gemeinsam geschaffene, tragende Basis, von der aus man hoffnungsvoll in die Zukunft blicken kann. Für Singles ist die Karte ein Zeichen, dass die Vergangenheit verarbeitet ist, und dass nun die innere Bereitschaft für eine neue Beziehung besteht.

Die Bedeutung als Themenkarte

Auf die Plätze, fertig, los! Sie sind bereit, Ihr Entschluss steht fest. Jetzt kann Sie nichts mehr aufhalten. Sie dürfen sich aber auch nicht selber bremsen. Beginnen Sie das, was Sie sich vorgenommen haben, und ziehen Sie es bis zum Ende durch.

Die Bedeutungen beim Karrierecheck

Position 1 Sie haben die richtige Lösung in der Tasche – oder Sie werden sehr bald wissen, was zu tun ist. Die Zeit des Abwägens und Abwartens ist somit vorüber. Nun wird gehandelt.

Position 2 Es ist nicht wichtig, wie Sie sich entscheiden und in welcher Form Sie Ihr Geld anlegen, sondern dass Sie sich entscheiden. Sie sollten einen Entschluss fassen, der Ihre finanzielle Situation in Bewegung bringt.

Position 3 Mit der Karte Drei der Stäbe sind alle Abmachungen sicher und fest. Man kann sich darauf auch ohne einen ausführlich formulierten Vertrag verlassen. Die Karte kann im Sinne des Sprichwortes »Ein Mann, ein Wort« interpretiert werden.

Die Bedeutungen beim Liebesorakel

Position 1 Wunderbar! Sie haben sich entschieden, eine neue Beziehung einzugehen. Das wärmt Ihr Herz, das rötet Ihr Gesicht, das strafft Ihre Muskeln. Sie sind für ein Liebesabenteuer bereit.

Position 2 Ihr Partner ist entschlossen, sich auf diese Beziehung einzulassen. Egal, was hinter ihm liegt, die Vergangenheit ist bewältigt. Jetzt zählt nur noch die Liebe zu Ihnen.

Position 3 Die Karte Drei der Stäbe in dieser Position festigt Ihre Liebe. Nichts kann sie erschüttern. Sie und dieser andere Mensch gehören zusammen.

Position 4 Etwas Starkes und Unüberwindbares stört Ihre Beziehung. Das kann eine andere Person sein, mit der Sie oder Ihr Partner noch liiert sind. Auf jeden Fall müssen Sie erst dieses Hindernis angehen, bevor Sie sich dieser Liebe sicher sein können.

Position 5 Die Karte in dieser Position kann Verschiedenes und Widersprüchliches bedeuten. Zum einen verkündet sie eine neue Beziehung. Das kann sowohl auf Sie als auch auf Ihren Partner bezogen sein. Aber es könnte auch sein, dass die jetzige Partnerschaft mehr Festigung, Sicherheit und Verlässlichkeit erfährt.

VIER DER STÄBE

Freude

EPILOG Bisher war ich allein und nur mir selbst wichtig und bedeutsam. Jetzt begegne ich anderen, die wie ich neugierig sind auf das Leben. Ich finde also meinesgleichen, eine Gesellschaft, die zu mir passt. Mein Feuer greift über auf die anderen. Und auch ich werde vom Schwung und der Dynamik der anderen angesteckt. Alles ist wie ein Fest, wie eine ausgelassene Feier. Ich bin glücklich und freue mich mit den anderen.

BILD Vor einer Burg winken zwei Menschen mit Blumensträußen. Ihre roten und blauen Gewänder drücken die Spannung zwischen Mann und Frau aus, oder allgemein zwischen Verstand und Gefühl. Das gesamte Bild, hauptsächlich in Gelb gehalten, der Farbe für Lebensfreude gehalten, ruft Erinnerungen an Feststimmung, Feierlichkeiten und an ein beschwingtes Lebensgefühl wach. Die Stäbe im Vordergrund sind mit einer aus Blumen und Früchten geschmückten Girlande verbunden. Die Ziffer Vier ist eine harmonische Zahl. Sie ist vollendet, wie das Quadrat. Das Element Feuer findet also eine harmonische Form, und man sagt, es werde zu flüssigem Gold, zum Gefühl der Erhabenheit und zur Freude über materiellen Reichtum. Gleichzeitig verkörpert aber die Zahl Vier auch Zweifel und Widerstand. So verkündet diese Karte immer auch einen baldigen Wechsel oder Umschwung.

DEUTUNG Die Vier der Stäbe ist eine Harmoniekarte und bedeutet Freude, Geselligkeit, Unterhaltung, Vergnügen. Sie fühlen sich gut, sind offen und bereit, die innere beschützende Burg oder die Geborgenheit des Heimes zu verlassen. Sie wollen das Leben genießen, Kontakte schließen, neue Erfahrungen sammeln. Sie haben Grund zum Feiern. Ihre Verhandlungen, Verträge und Investitionen stehen unter einem guten Stern. Im Job läuft es prima. Sie kommen an und sind erfolgreich. Sollten Sie gerade gekündigt haben, können Sie sicher sein, dass Sie das Richtige getan haben. Im Beziehungsleben bedeutet die Vier der Stäbe eine harmonische Zeit, in der man sich geborgen fühlt und freudig das Leben genießt. Die Karte kann auch ein nahendes Fest, etwa eine Hochzeit oder eine Taufe, verkünden. Man sollte bei der Deutung auch den baldigen Umschwung der Situation mit einbezieht.

Die Bedeutung als Themenkarte

Freude ist angesagt. Das Glück steht auf Ihrer Seite. Sie sind erfolgreich. Sie werden von anderen respektiert und man sucht Ihre Nähe. Bei aller Ausgelassenheit müssen Sie aber auch damit rechnen, dass diese tolle Stimmung nicht immer anhalten wird. Am Horizont kündet sich schon die Wende an.

Die Bedeutungen beim Karrierecheck

Position 1 Sie haben Grund zum Feiern, denn Ihre Aktivitäten fallen auf fruchtbaren Boden. Was immer Sie tun, es gelingt. Wichtig ist allerdings, dass Sie Spaß an Ihrer Arbeiten haben.

Position 2 Schauen Sie jetzt nicht auf das Geld, das ausgegeben wird. Betrachten Sie das Geld als Möglichkeit, sich zu amüsieren und ein Fest zu feiern. Seien Sie großzügig und denken Sie auch an die anderen.

Position 3 Treten Sie engagiert, dynamisch und selbstbewusst auf. Lassen Sie erkennen, dass Sie gerne arbeiten und ein fröhlicher Mensch sind. Was immer Sie planen, die Karte verkündet Gelingen. Auch bei einem Vorstoß für eine Beförderung können Sie im Moment mit positiven Ergebnissen rechnen. Allerdings ist es nicht ratsam, im Licht dieser Karte langfristige Verträge zu schließen.

Die Bedeutungen beim Liebesorakel

Position 1 Sie haben das Glück gefunden. Ihre Liebe erwärmt Sie, macht Sie vital und fröhlich. Lassen Sie sich ruhig ein auf diese Beziehung und geben Sie alles, was Sie haben.

Position 2 Dieser Partner bringt Freude in Ihr Leben. Er ist es wert, dass Sie ihm Ihr Herz schenken. Er überwältigt Sie mit seiner Freundlichkeit und Liebe. Denken Sie nicht daran, was morgen ist, genießen Sie den Augenblick.

Position 3 Ihre Liebe erreicht einen Höhepunkt. Sexualität erfüllt Sie. Ihr Herz ist leicht, Sie fühlen sich glücklich, und Ihre Gedanken drehen sich nur noch um diese Liebe.

Position 4 Ein großer Umschwung steht bevor. Etwas ist schief gelaufen, und jetzt wird Ihnen die Rechnung präsentiert. Achten Sie auf die nächsten Zeichen, die der Wende unmittelbar vorausgehen. Seien Sie auf der Hut.

Position 5 Etwas Wunderbares geschieht mit Ihrer Liebe. Sie werden von Ihren Gefühlen überwältigt. Ihre Vorbehalte werden weggespült. Sie finden wieder zu Ihrem Partner.

FÜNF DER STÄBE

Auseinandersetzung

EPILOG Ich möchte wissen, was ich kann und was ich wert bin. Bin ich geschickter, schöner, stärker, schneller oder klüger als die anderen? Konkurrenz aktiviert mich, sie fordert mich heraus. Es gehört zu meiner Natur als Feuerwesen. Ich möchte zeigen, dass ich mithalten kann, dass ich mutig bin und die anderen nicht fürchte. Ich bin lebendiges Feuer. Ich werde getrieben vom Grundsatz, der Natur: der Stärkere gewinnt.

BILD Fünf junge Burschen scheinen einen Wettkampf miteinander auszutragen. Doch wirkt der Kampf nicht aggressiv und zerstörerisch, sondern wie ein Kräftemessen, ohne den anderen dabei verletzen zu wollen. Diesen Eindruck unterstützt der hellblaue Hintergrund. Denn die Farbe Blau symbolisiert Menschenliebe. Die rotfarbigen Kleidungsstücke drücken Vitalität und Lebensenergie aus. Feuer, das Element der Stäbe, braucht Reibung, um nicht zu erlöschen. Es sucht Herausforderungen, Kämpfe, Wetten, Streits, Rivalitätsgerangel und Konkurrenz. Das alles belebt und schürt das Feuer.

DEUTUNG Die Fünf der Stäbe bedeutet Herausforderung, Wettkampf, sich bewähren müssen. Die Karte zeigt an, dass das Gleichgewicht verloren ging und sich erst wieder neu finden muss. Sie verkündet Änderung und Aufbruch: stürmische Kräfte wirken, reißen einen mit; das Feuer greift auf einen über.

Im Lichte dieser Karte bekommt man nichts geschenkt, weder im Job noch in der Liebe. Man muss kämpfen, sich auf Konflikte einstellen, seinen Willen durchsetzen und darf dabei nicht einmal verbissen sein, sondern muss spielerisch wirken, wie die Jugendlichen auf der Karte. Diese Auseinandersetzung, dieser Kampf, dient aber letztlich einem guten Zweck. Man soll sich »zusammenraufen« und zwar im Berufsalltag genauso wie in einer Beziehung. Und manchmal wirkt selbst ein unerquicklicher Streit wie ein reinigendes Gewitter.

Die Bedeutung als Themenkarte

Jetzt können Sie nicht mehr zurück. Sie haben A gesagt und müssen nun auch B sagen. Stellen Sie sich der Situation. Konkurrenz belebt das Geschäft, heißt es so schön. Und genau das gilt jetzt für Ihre Lebenssituation.

Die Bedeutungen beim Karrierecheck

Position 1 Behaupten Sie sich. Vielleicht werden Sie angegriffen. Vielleicht müssen Sie selbst »angreifen«, Ihre spitzen Ellenbogen gebrauchen, sich durchsetzen. Wichtig ist, dass Sie sich der Auseinandersetzung stellen. Es ist auch nicht entscheidend, dass Sie gewinnen, sondern dass Sie sich stellen.

Position 2 Sie müssen sich für Ihr Geld einsetzen, darum kämpfen. Möglicherweise geht es auch um verliehenes Geld, das zurückgefordert werden soll. Grundsätzlich zeigt die Karte an, dass Sie, wenn Sie (mehr) Geld möchten, sich dafür auch stark machen müssen.

Position 3 Um einzelne Details muss gerungen werden. Der Vertrag geht zu Gunsten desjenigen, der die besseren Argumente hat. Kämpfen Sie um jedes einzelne Detail Ihrer Abmachung.

Die Bedeutungen beim Liebesorakel

Position 1 In Ihrer feurigen Beziehung geht es nicht ohne Kampf und Auseinandersetzung ab. Das Gute daran ist, dass Ihre Beziehung lebendig und feurig bleibt. Da macht auch der Sex mehr Spaß.

Position 2 Sie haben einen feurigen Partner. In ihm lodern die Flammen der Leidenschaft. Nehmen Sie es nicht so tragisch, wenn Ihr Partner manchmal »zu« stürmisch und feurig ist. Das gehört zu seiner Natur. Lieber feurig und stürmisch als langweilig und fad, oder nicht?

Position 3 Sie haben eine Feuerbeziehung. Zwischen Ihnen stieben die Funken. Auch Sexualität spielt bei Ihnen eine große Rolle. Die Karte kann auch einen Streit verkünden, der dann aber wie ein reinigendes Gewitter wirkt.

Position 4 Sie sitzen auf einer Bombe, auf einem Vulkan. Jeden Augenblick kann etwas explodieren. Treiben Sie es nicht auf die Spitze. Manchmal ist es besser, sich zu streiten als ewig lange frustriert und verschlossen nebeneinanderher zu leben.

Position 5 Die Karte verweist Sie auf eine baldige Auseinandersetzung, deren Ziel es sein wird, Ihre Beziehung zu bereinigen und wieder klare Verhältnisse herzustellen. Stellen Sie sich dieser Auseinandersetzung.

SECHS DER STÄBE

Gewinn

EPILOG Ich bin der Star, der Favorit! Ich genieße Ansehen und Erfolg. Ich trage den Lorbeerkranz und reite auf einem weißen Pferd. Was auch immer der Anlass des Kräftemessens war, ob es um Macht, Schönheit, Schnelligkeit oder Geschicklichkeit ging, ich habe gewonnen und genieße den Erfolg. Die anderen, die gegen mich angetreten sind, stehen hinter mir und gönnen mir meinen Sieg. Ich werde von ihnen anerkannt.

BILD Eine Gestalt reitet auf einem weißen Pferd. Sie trägt den Lorbeerkranz des Siegers auf dem Kopf. Es kann ein Reiter, aber auch eine Reiterin sein. Denn der Stab in ihrer Hand ist ein Phallussymbol. Der grüne Kranz, der daran festgebunden ist, ist wiederum ein Zeichen weiblicher Geschlechtskraft. Das Pferd steht für Bewegung, Trieb, Natur und Sexualität. Seine weiße Farbe symbolisiert Vollkommenheit. Die grüne Farbe signalisiert Sympathie, Hoffnung und Fruchtbarkeit. Die Menschen im Hintergrund erkennen den Reiter als Sieger an. Die Ziffer Sechs ist wieder eine stabile Zahl, sie trägt die Drei zweimal in sich und steht somit für doppelte Festigkeit und Stabilität. Wer sich in der Auseinandersetzung bewährt, erhält den Lorbeerkranz.

DEUTUNG Die Sechs der Stäbe repräsentiert Sieg, Ruhm, Erfolg und Anerkennung, Freude und Zufriedenheit. Bei Gehaltsgesprächen, Bewerbungen, Geldgeschäften oder sonstigen Verhandlungen verkündet die Karte Glück und Gelingen. Sie kann eine Beförderung bedeuten, kann aber auch Vorbote für erfreuliche Nachrichten, Briefe oder Telefongespräche sein. Sie steht für den Abschluss eines inneren Prozesses nach einer Zeit der Unsicherheit, für die Lösung eines Problems. Man fühlt neues Selbstvertrauen und wechselt vor der Seite der Verlierer zu den Gewinnern. In der Beziehung zu anderen Menschen können Konflikte gelöst werden. Die Sechs der Stäbe ist ein Zeichen für neue Höhepunkte in bereits bestehenden Partnerschaften oder für glückliche neue Verbindungen.

Die Bedeutung als Themenkarte

Sie werden bald Erfolg haben. Sie sind als Sieger auserkoren. Die Zeichen deuten eine Wende an. Sie haben sich durchgesetzt, und der Erfolg lässt nicht lange auf sich warten.

Die Bedeutungen beim Karrierecheck

Position 1 Jetzt ist keine Zeit für Grabenkämpfe. Wenn die Karte für Sie aufgedeckt wird, ist dies ein Hinweis, dass Sie sich als Sieger qualifizieren. Sie können sich auf Ihre Mitarbeiter verlassen. Steht die Karte für eine andere Person, ist es wichtig, dass Sie sich ihr gegenüber jovial verhalten. Es kommt jetzt darauf an, dass alle mit gebündelter Kraft in die gleiche Richtung drängen.

Position 2 Ihre finanzielle Situation befindet sich im Aufwind. Jetzt ist die Zeit zu investieren oder Aktien zu kaufen. Ihr Geld kommt doppelt und dreifach zurück.

Position 3 Sie bestimmen die Regeln. Sie geben die Karten. Und Sie halten einen Royal Flash in der Hand. Warum klein beigeben?

Die Bedeutungen beim Liebesorakel

Position 1 Sie haben sich durchgesetzt. Das kann bedeuten, dass Sie in einer Auseinandersetzung mit Ihrem Partner gewonnen haben. Aber es ist auch möglich, dass Sie aus einem Dreiecksverhältnis als Sieger hervorgehen. In jedem Fall steht die Karte für eine positive Phase in Ihrer Beziehung.

Position 2 Sie haben sich in einen Siegertyp verliebt. Neben dieser Person sind Sie eine kleine Maus. Jetzt können Sie die Geschichte genießen – oder frustriert abwinken. Die Karte bedeutet manchmal auch, dass sich ein Partner für einen entschieden hat – und gegen einen anderen Menschen.

Position 3 Diese Liebe ist das Größte. Sie berührt den Himmel und küsst die Sterne. Genießen Sie diesen Triumph Sekunde für Sekunde.

Position 4 Sie führen eine Sonntagsbeziehung, die den Alltag meidet, wie der Teufel das Weihwasser.

Position 5 Ein großer Triumph steht Ihnen bevor. Ob allerdings Ihre gegenwärtige Beziehung betroffen ist oder es sich um eine neue handelt, lässt der Geist des Tarot offen.

SIEBEN DER STÄBE

Stärke

EPILOG Ich bin stark, weil ich im Recht bin! Das Schicksal steht auf meiner Seite.
Das verleiht mir besondere Energien. Hier geht es um mich, meine Zukunft, meine Lebensart. Ich verteidige mich, weil ich zu Unrecht angegriffen werde. Ich muss – und ich werde – diese Herausforderung gewinnen, denn ich bin stark.

BILD Ein Riese steht auf einem Berg. Er verteidigt seine Position gegen einen Angriff. Sein Standpunkt hoch über den Angreifern zeigt, dass er sich der Herausforderung stellt und ihr gewachsen ist. Die eigenartige Fußbekleidung der Figur – an einem Fuß trägt sie einen Stiefel, am anderen einen Schuh – symbolisiert gleichzeitig Offenheit und Verschlossenheit gegenüber triebhaften, animalischen Impulsen aus dem Unbewusstsein. Die Zahl Sieben ist eine magische und heilige Zahl. Gott erschuf die Welt in sieben Tagen, der Mond dreht sich in vier mal sieben Tagen um die Erde, und in vielen Mythen und Märchen ist die Sieben ein Symbol für unwiderstehliche Kraft und Stärke. So verkündet die Karte übernatürliche Kraft, die demjenigen zufließt, der auf der Seite des Rechts steht.

DEUTUNG Die Sieben der Stäbe zeigt, dass Sie mit Konflikten konfrontiert werden und kämpfen müssen. Dabei haben Sie gute Aussichten auf Erfolg, denn Sie kämpfen von einer überlegenen Position aus. Das Recht steht auf Ihrer Seite. Die Kräfte des Guten stehen Ihnen bei. Es ist also Ihr Recht und Ihre Pflicht, sich zu verteidigen. Vielleicht müssen Sie im Job gegen einen Konkurrenten antreten oder privat gegen einen Rivalen. Sie werden gewinnen.
Steht die Karte allerdings nicht für Sie, sondern für eine andere Person, haben Sie keinerlei Chance zu siegen. Bei Geschäftsabschlüssen, Verträgen und Vereinbarungen kommt Ihnen dann jemand in die Quere. Und in einer Liebesangelegenheit gewinnt der andere.

Die Bedeutung als Themenkarte

Sie sind jeder Herausforderung gewachsen. Wenn Sie diese Karte aufgedeckt haben, können Sie auch gegen den Rest der Welt antreten und werden gewinnen. Denn Sie verteidigen das Gute, das Recht, das Stimmige.

Die Bedeutungen beim Karrierecheck

Position 1 Sie sind stark, dynamisch, unschlagbar. Sie haben die besseren Argumente und wissen mehr als alle anderen. Wenn Sie angegriffen werden, dann müssen Sie sich auch verteidigen. Ziehen Sie sich jetzt nicht beleidigt zurück, sondern zeigen Sie die Zähne. Es geht dabei nicht nur um Sie, sondern auch um die Sache: es ist Ihr Recht und Ihre Pflicht zu kämpfen.

Position 2 Vielleicht gibt es eine Krise, aber Sie sind ihr gewachsen. Vielleicht müssen Sie um Ihr Geld kämpfen, aber Sie werden die Herausforderung gewinnen. In allem, was Sie tun, liegt Gelingen.

Position 3 Sie müssen sich behaupten. Was Sie erreichen wollen, wird Ihnen streitig gemacht. Jemand kommt Ihnen in die Quere. Sie werden die Herausforderung gewinnen, wenn Sie überzeugt von sich sind.

Die Bedeutungen beim Liebesorakel

Position 1 Kämpfen Sie um diese Liebe. Das Tarot fordert Sie regelrecht dazu auf, zu kämpfen. Und Sie werden gewinnen, denn die Kraft der Liebe steht Ihnen bei.

Position 2 Diese Karte in dieser Position verheißt einen Kampf mit Ihrem Partner, den Sie nicht gewinnen können. Möglicherweise sind Sie im Unrecht. Es kann aber auch sein, dass Ihr Partner etwas verteidigt, was nichts mit Ihnen zu tun hat, zum Beispiel eine alte Beziehung.

Position 3 Zwischen Ihnen tobt ein Kampf, den niemand gewinnen und niemand verlieren wird. Es heißt also Patt! Daran werden Sie und Ihr Partner sich die Zähne ausbeißen.

Position 4 Was für ein Schicksal! Sie haben sich verrannt, sind verbohrt und unnahbar. In dieser Beziehung geht es nicht um Liebe, sondern darum, wer das letzte Wort behält und aus der Auseinandersetzung als Sieger hervorgeht.

Position 5 Sie werden Recht bekommen. Sie werden einen Triumph genießen. Ob es Ihnen damit gelingen wird, Ihre Liebe wieder aufblühen zu lassen, ist allerdings fraglich. Es ist auch möglich, dass Sie nur in eine neue Runde der Auseinandersetzung gehen.

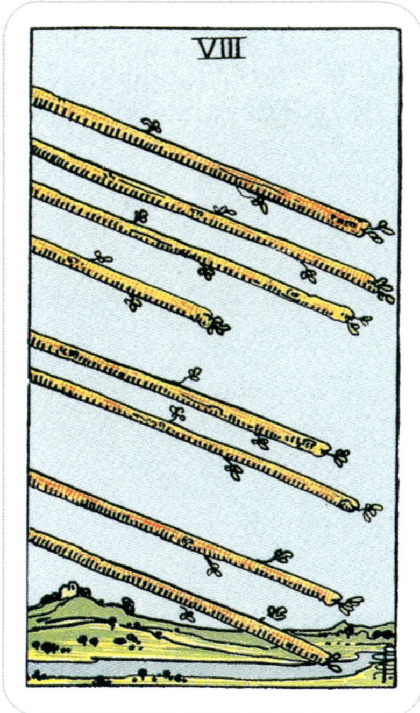

ACHT DER STÄBE

Achtung

EPILOG Vorsicht! Achtung! Ich muss auf der Hut sein! Etwas Bedrohliches liegt in der Luft. Was wird es sein? Ist es eine Veränderung? Wird sie positiv oder negativ für mich ausgehen? Geht eine Phase zu Ende? Muss ich mich umstellen? Ich muss auf die Zeichen achten, die jetzt erkennbar werden, und die richtige Strategie entwickeln.

BILD Acht Stäbe fliegen durch die Luft. In ihrem Flug neigen sie sich wieder der Erde zu. Der Höhepunkt ist überschritten. Eine Veränderung wird signalisiert, die aber nicht zwangsläufig negativ sein muss. Die Karte strahlt nämlich kein sichtbares Unheil und keine Aggressivität aus. Diesen Eindruck unterstützt auch die Farbgestaltung. Der hellblaue Bildhintergrund symbolisiert den Himmel und steht für Menschenliebe und Glauben. Die grüne Landschaft macht einen friedlichen Eindruck. Die Farbe Grün bedeutet Hoffnung.
Die Zahl Acht ist als liegende »Acht« das Zeichen für Unendlichkeit. Als solche bedeutet sie hier auch unendliche Kraft, die in den acht Stäben gebannt ist und die durchaus auch bedrohlich wirken kann. Das Wort »Acht-ung« spiegelt diese Bedeutung.

DEUTUNG Die Acht der Stäbe kündet eine Wende an. Als einzige der 78 Tarotkarten deutet sie klar darauf hin, dass ein Geschehnis unmittelbar bevorsteht. Ob das bevorstehende Ereignis positiv oder negativ sein wird, darüber können die Karten auf den anderen Plätzen Aufschluss geben. Die Karte drückt auch aus, dass man noch ungeklärten Situationen selbst ein Ende setzen kann, indem man aus Betroffenheit, Verletzung, Ergriffenheit oder Begeisterung aktiv wird und handelt. In der Liebe steht die Acht der Stäbe für eine neue Partnerschaft oder für Veränderungen in der bestehenden Beziehung.

Die Bedeutung als Themenkarte

Vorsicht! Achtung! Stellen Sie sich auf eine Veränderung ein. Schärfen Sie Ihre Sinne. Jetzt kommt alles darauf an, dass Sie richtig reagieren. Schalten Sie aber auch nicht auf Panik. Es ist völlig offen, wie die Veränderung aussehen wird.

Die Bedeutungen beim Karrierecheck

Position 1 Vielleicht sind Sie überfordert. Vielleicht muten Sie sich selbst zu viel zu. Was Sie jetzt benötigen ist Entspannung, Ferien, ein paar Tage Urlaub. Bedenken Sie, dass Sie an Ihren Reserven zehren, wenn Sie jetzt in gewohnter Weise weiterarbeiten.

Position 2 Über allen Geldgeschäften steht ein großes Fragezeichen. Jetzt ist die richtige Zeit, um sich von Spekulationsobjekten zu trennen und das Geld sicher anzulegen.

Position 3 Ihre Abmachungen stehen auf wackeligem Fundament. Möglicherweise haben Sie etwas übersehen. Im Lichte dieser Karte ist es besser, keinerlei Abmachungen zu treffen.

Die Bedeutungen beim Liebesorakel

Position 1 Die Karte verkündet eine Veränderung. Seien Sie darauf vorbereitet, dass Ihre Beziehung eine neue Richtung einschlagen wird. Es könnte auch sein, dass ein neuer Mensch in Ihr Leben tritt.

Position 2 Über Ihrem Partner steht die Karte der Veränderung. Worauf sie sich bezieht, lässt sich noch nicht sagen. Aber Sie sollten vorbereitet sein und alles genau beobachten. Möglicherweise sollten Sie das Thema Veränderung zur Sprache zu bringen.

Position 3 Über Ihrer Liebe steht die Karte der Veränderung. Entweder Sie werden sich gemeinsam verändern und Ihre Liebe auf eine neue Basis stellen oder Sie werden bald vor einem Scherbenhaufen stehen.

Position 4 Es rumort in Ihrer Partnerschaft. Es ist wichtig, dass Sie das Thema Veränderung in Ihre Beziehung einbringen und darüber sprechen.

Position 5 Alle Zeichen sprechen für eine große und wichtige Veränderung in Ihrer Beziehung. Seien sie wachsam. Es besteht durchaus auch die Gefahr, dass Sie scheitert.

NEUN DER STÄBE

Schwäche

EPILOG Ich werde angegriffen, ich muss mich verteidigen. Die Zeit arbeitet gegen mich. Ich kämpfe auf verlorenem Posten. Dennoch will ich mich nicht ergeben. Krampfhaft halte ich etwas fest, das man mir wegnehmen will. So verschwende ich nur meine Lebensenergie. Was immer ich festhalten und behaupten will, meine Position, meinen Besitz, meinen Freund, meine Freundin ..., die Zeit ist gekommen, loszulassen und mich zu ergeben.

BILD Im Bildvordergrund steht ein Mann mit einem Stab. Es lässt sich nicht ausmachen, ob er sich an den Stab klammert oder ob er ihn festhält – in dieser Ambivalenz liegt auch die Bedeutung der Karte. Den Stäben im Hintergrund kehrt die Gestalt den Rücken. Sie nimmt nicht wahr, was hinter ihr geschieht oder hat sich sogar bewusst davon abgewendet. Das weiße Band auf ihrem Kopf kann man auf verschiedene Weise deuten. Es kann ein Verband sein, der eine Verletzung schützt, eine Augenbinde, von der er sich befreit hat oder ein Stirnband. Hinter der Gestalt sind die grünen Berge der Hoffnung zu sehen. Auch Schuhe und Strümpfe sind grün und weisen darauf hin, dass die Situation nicht ohne Hoffnung ist.

DEUTUNG Die Neun der Stäbe verkündet einen Schwächezustand. Es ist Zeit loszulassen. Das sollte man jedoch nicht als persönliche Niederlage deuten, sondern als das Ende eines natürlichen Zyklus, denn die Stäbe stehen für das Feuerelement. So wie Feuer Nahrung benötigt, um nicht zu erlöschen, so benötigt der Mensch Phasen der Regeneration, um wieder neue Energien zu sammeln. Diese Karte verkündet also eine Unterbrechung, das (vorübergehende) Ende von Bewegung, Wachstum, Dynamik, Tun und Handeln. Manchmal signalisiert sie auch einen körperlichen Schwächezustand, sogar den Beginn einer Krankheit. In der Beziehung zu anderen Menschen oder dem Partner steht die Karte oft für eine Mauer, hinter der man sich verschanzt, um nicht verletzt zu werden.

Die Bedeutung als Themenkarte

Jedes weitere Festhalten an Macht zögert das Ende nur noch weiter hinaus. Der Wechsel ist vorbestimmt. Sie verschwenden Ihre Energie. Sie führen einen sinnlosen Kampf. Sie stehen auf verlorenem Posten.

Die Bedeutungen beim Karrierecheck

Position 1 Ein Machtwechsel steht bevor. Jedes weitere Festhalten an Ihrer Position schiebt das Ende nur vor sich her. Der Wechsel ist bestimmt. Sie verschwenden Ihre Lebenskraft. Sie sind ausgebrannt, leer.

Position 2 Haben Sie Ihr Feuer vergeudet, Ihr Geld verspielt? Sind Sie mit Ihrem Latein am Ende? Sie brauchen Zeit, sich zu besinnen!

Position 3 Abmachungen fallen nicht zu Ihren Gunsten aus. Trotzdem nutzt es nichts, zu kämpfen. Sie stehen im Moment auf verlorenem Posten und vergeuden nur Ihre Kraft.

Die Bedeutungen beim Liebesorakel

Position 1 Sie kämpfen. Aber Sie stehen auf verlorenem Posten. Ihre Kraft ist verbraucht. Ihr Feuer lodert nicht mehr. Spielen Sie jetzt nicht die Starke. Sie brauchen jemanden, der Ihnen das Händchen hält.

Position 2 Ihr Partner ist erschöpft. Er sehnt sich nach Ruhe, möchte neue Energien tanken und sucht eine starke Schulter zum Anlehnen.

Position 3 Die Neun der Stäbe steht zwischen Ihnen, ein deutliches Zeichen dafür, dass sich Ihre Liebe erschöpft hat. Das gemeinsame Feuer, das einmal zwischen Ihnen loderte, brennt nur noch auf kleiner Flamme.

Position 4 Sie sind verkrampft. In Ihrer Beziehung versucht jeder, dem anderen etwas vorzuspielen, Stärke zu demonstrieren. Dabei sind Sie beide müde vom ewigen Streiten und Argumentieren.

Position 5 Vorsicht! Achtung! Diese Karte ist eine Warnung. Sie ermahnt Sie, umzudenken. Ihre Liebe hat den Höhepunkt überschritten. Jetzt geht es nicht mehr um Power, sondern darum, auch Schwäche zulassen zu können.

ZEHN DER STÄBE

Zusammenbruch

EPILOG Ich bin geschlagen. Alles was mich sonst schmückte und zierte, meine Kraft, meine Geschicklichkeit, mein Besitz und die Menschen, die zu mir standen, das alles ist zu einer Bürde geworden, die mich niederdrückt. Ich erkenne, dass Kraft und Vitalität nicht unbegrenzt zur Verfügung stehen. Der Weg nach außen, in die Offensive, ist nicht mehr möglich. Jetzt muss ich nach innen schauen.

BILD Eine gebückte Gestalt trägt ein Bündel von zehn Stäben. Sie scheint unter der Last fast zusammenzubrechen. Die Figur wirkt gedrungen und strahlt Schwere aus, was durch die bräunliche Farbe der Kleidung noch unterstützt wird. Ganz im Bildhintergrund steht ganz klein ein Haus. Es könnte sich um das Ziel handeln, man kann es aber auch als Metapher für das »eigene Heim« oder das »eigene Ich« deuten, das klein geworden ist und an den Rand gedrückt wurde.

DEUTUNG Die Zehn der Stäbe steht für einen endgültigen Schlussstrich – und einen Neubeginn. Sie verkündet Stress, Überforderung oder allzu große Verantwortung. Was man jetzt nötiger braucht als alles andere, ist eine schöpferische Pause, einen Urlaub, eine Kur, frische Luft und einen Menschen, der sich um einen kümmert. Bewerbungen, Gehaltsverhandlungen oder Geschäftsabschlüsse sind jetzt zwecklos. Es ist wichtig, das man sich zunächst seiner physisch-seelischen Situation annimmt und eine Zeitlang ruht, bis man wieder zu Kräften gekommen ist. Die Karte ist auch ein Zeichen dafür, dass man von Sorgen, Problemen, Bedenken geplagt wird und vor »lauter Bäumen den Wald nicht mehr sieht«. Die Karte steht auch dafür, dass Beziehung, Familie und Freunde zur Last geworden sind. Jetzt hilft nur der Blick nach innen. Überprüfen Sie Ihre Ziele noch einmal!
Gleichzeitig fordert die Karte auf, das Kämpfen zu beenden. Sie ermahnt Sie, mit Ihrem Körper schonend umzugehen.

Die Bedeutung als Themenkarte

Spricht die Karte nicht für sich? Was immer es ist, was Sie sich vornehmen, es wird zu einer Last, die Sie niederdrückt. Sie sind im Stress, physisch und psychisch überfordert. Das Gute daran: Sie erkennen jetzt, wo Sie stehen.

Die Bedeutungen beim Karrierecheck

Position 1 Jeder Schritt in Richtung neuer Beruf, Beförderung oder jeder Wunsch, mehr Geld zu bekommen, ist schwierig, wenn nicht sogar völlig sinnlos. Es ist wichtig, dass Sie zunächst Ihre physisch-seelische Situation überdenken und eine Zeit lang ausruhen, bis Sie wieder zu Kräften gekommen sind.

Position 2 Die Karte erlaubt zwei Interpretationen zu Ihrer wirtschaftlichen Situation. Die eine deutet auf Erschöpfung, auf Verluste, sogar auf einen Bankrott hin. Die andere besagt, dass all Ihr Geld, Ihr Reichtum, Ihre ganze wirtschaftliche Situation zu einer Last für Sie geworden ist, der Sie sich entziehen möchten.

Position 3 Die Abmachungen, die Sie getroffen haben, sind zur Last geworden, die Ihr Leben schwierig macht.

Die Bedeutungen beim Liebesorakel

Position 1 Diese Karte steht für Ihre innere Verfassung. Was bedrückt Sie so sehr? Diese Karte fordert Sie auf, über sich und Ihre Liebe ohne Beschönigung nachzudenken.

Position 2 Ihr Partner ist bedrückt. Die Karte spiegelt eine Seite von ihm, die Sie vielleicht gar nicht wahrnehmen. Umso wichtiger ist es, darüber nachzudenken, was es sein könnte. Was könnte Ihren Partner so stark bedrücken, dass er fast zusammenbricht?

Position 3 Die Karte steht für zwei Menschen, die vor einem Zusammenbruch stehen ...: Könnte der Grund dafür in Ihrer Liebe stecken? Spüren Sie der Bedeutung dieser Karte nach. Was lastet so sehr auf Ihrer Beziehung?

Position 4 Die Karte ist ein Hinweis darauf, dass etwas nicht stimmt. Versuchen Sie, herauszufinden, was Sie beide so sehr lähmt, dass Sie Ihre Kraft verlieren.

Position 5 Die Karte ist ein »Warnschuss«. Ihre Liebe steuert auf einen Abgrund zu. Sprechen Sie jetzt über das, was in jedem von Ihnen vorgeht.

PAGE DER STÄBE

Begeisterung

EPILOG Ich bin voller Begeisterung und Erwartung. Ich bin lebendig und lebensfroh und schieße leicht über das Ziel hinaus. Wenn man mich einengen will, bricht es wie ein Sturm aus mir heraus. Ich brauche die Freiheit, um mich auszuleben. Ich liebe die Freiheit.

BILD Eine Mann von jungenhafter Statur betrachtet den Stab, den er in Händen hält. Er scheint für eine Reise gerüstet. Die Landschaft, die er durchquert, sieht aus wie eine Wüste. Im Hintergrund ragen pyramidenartig drei Berge auf, ein Sinnbild für die Konzentration von Energien. Auf dem Hut der Figur züngelt eine rote Feder wie eine Flamme und symbolisiert den »Funken der Begeisterung«, eine »zündende Idee«, einen »aufflammenden Entschluss«. Bei allen vier Hofkarten ragt der Stab über den Kopf hinaus, doch nur beim Pagen ist er länger als die voll aufgerichtete Person, ein bildhafter Ausdruck dafür, dass das Vitale, das Feuer, der Trieb stärker ist als Verstand oder Vernunft.

DEUTUNG Pagen verkünden grundsätzlich Chancen und Gelegenheiten. Die Botschaften, die der Page der Stäbe überbringt, stammen aus dem Reich des Feuers. Er verheißt neue Taten, Abenteuer oder eine Reise. Er fordert dazu auf, das Leben zu entdecken, zu erobern und jedes Ereignis, sei es positiv oder negativ, als neue Erfahrung zu begrüßen. Manchmal ist der Page auch der Lernende, der Anfänger, der noch in die Schule, in die Lehre geht und stellt dann entsprechend eine Aufforderung dar, dass man etwas lernen soll. Oft ist er eine Einladung zum Abenteuer, eine Einladung, sich aus der gewohnten Erlebniswelt herauszuwagen. Insbesondere dann, wenn die Karte für eine Liebesangelegenheit aufgedeckt wird, rät sie, sich auf unbekannte Reize einzulassen.

Die Bedeutung als Themenkarte

Die Person, für die die Karte aufgedeckt wird, gilt als lebendig und lebensfroh, schießt aber oft über das Ziel hinaus. Sie wird ärgerlich, wenn man sie einengen will und braucht Möglichkeiten, sich auszuleben und zu bestätigen.

Die Bedeutungen beim Karrierecheck

Position 1 Am besten für Sie ist eine Arbeit, bei der Sie jeden erdenklichen Freiraum besitzen. Autoritätspersonen haben es nicht leicht mit Ihnen. Aber auch Untergebene bekommen ihre Probleme: Sie sind unberechenbar und müssen vielleicht lernen, sich zu zügeln. Als Bote verkündet die Karte neue Taten, Expansionen, bessere Arbeitsmöglichkeiten und manchmal eine Reise.

Position 2 Sie sind im Umgang mit Geld leichtfertig und naiv und müssen lernen, sich zu zügeln.

Position 3 Im Lichte dieser Karte werden Abmachungen schnell, spontan und manchmal auch unüberlegt geschlossen.

Die Bedeutungen beim Liebesorakel

Position 1 Sie sind wie ein Kind, jugendlich, dynamisch, vielleicht auch frisch verliebt.

Position 2 Ihr Partner wird mit dieser Karte als unternehmungslustig, feurig und unterhaltsam dargestellt. Können Sie sich auch auf die Treue dieses Menschen verlassen?

Position 3 Diese Karte zwischen Ihnen und Ihrem Partner verkündet eine lebendige und feurige Partnerschaft. Manchmal verheißt sie auch ein Kind.

Position 4 Etwas stagniert. Das Feuer kann nicht mehr richtig lodern. Was ist los? Versuchen Sie die Ursache der Blockade zu finden.

Position 5 Diese Karte verrät manchmal den Beginn einer neuen Beziehung mit einem anderen Menschen. Sie kann aber auch auf ein Kind verweisen, also auf eine bevorstehende Schwangerschaft.

RITTER DER STÄBE

Eifer

EPILOG Ich liebe den Kampf und das Abenteuer. Doch ich kämpfe nicht, um zu vernichten, sondern um meine Kräfte zu erproben. Alles, was das Leben lebendig macht, lockt mich. Mir ist jede Abwechslung recht. Ich lebe meine männliche Seite. Mein Planet ist der feurige Mars des Frühlings. Mein Pferd, das mich davonträgt, ist heiß, wild und schnell wie der Sturmwind des Südens. Freiheit und Unabhängigkeit sind mir wichtiger als alles andere.

BILD Ein Ritter reitet auf einem feurigen Pferd. Sein Visier ist geöffnet, er fürchtet keine Gefahren. Der rote Federbusch, der von seinem Helm weht, und der rote Stoff an seinem Armschutz, der wie Flammen züngelt, versinnbildlichen Feuer, sein Element, und Vitalität. Den gelben Umhang des Ritters schmücken die Salamander des magischen Feuers. Er ist wie verwachsen mit seinem rotglühenden, temperamentvollen Pferd, das seinerseits deutlich individuelle Züge trägt. So sind Ross und Reiter mit einem Zentaur vergleichbar, dem Fabelwesen aus der griechischen Mythologie, das die Dualität von Körper und Geist, von himmlischer Begeisterung und animalischer Triebhaftigkeit verkörpert. Im Hintergrund des Bildes sind wie beim Pagen der Stäbe wieder die Pyramidenberge zu sehen. Sie symbolisieren Lebensenergie, die auf ein bestimmtes Ziel gesammelt wird.

DEUTUNG Der Ritter der Stäbe kennzeichnet eine Periode besonders intensiver Lebenslust und Leidenschaft, aber auch von Heißblütigkeit, Ungeduld und ungestümer Übertreibung. Im Beruf brennt man geradezu darauf, sich zu beweisen. Man ist willens, alles zu geben, was in einem steckt. Aber man muss selbständig und eigenverantwortlich arbeiten. Steht die Karte für eine andere Person, kann man davon ausgehen, dass man sich auf sie bedingungslos verlassen kann. Das ist jemand, der für einen buchstäblich »durchs Feuer geht«. Manchmal signalisiert die Karte auch eine Person, die plötzlich auftaucht und das Leben verändert. In der Liebe verkörpert der Ritter der Stäbe eine leidenschaftliche Person.

Die Bedeutung als Themenkarte

Die Person, für die die Karte aufgedeckt wird, ist jugendlich, dynamisch, feurig und spontan. Es kann ein Kind sein oder ein Mensch, der seinem inneren Kind Raum läßt. Entsprechend aufbrausend ist die Reaktion auf Einengung und Verbote. Wird die Karte nicht für eine Person, sondern eine bestimmte Angelegenheit, ein Thema oder ein Ereignis aufgedeckt, so verweist sie dennoch auf einen Menschen mit den oben beschriebenen Charakterzügen, der im Rahmen des Themas eine wichtige Rolle spielt.

Die Bedeutungen beim Karrierecheck

Position 1 Sie gehören ins mittlere Management. Es genügt, Ihnen eine Aufgabe zu geben, Sie sind sofort Feuer und Flamme und führen den Auftrag bedingungslos aus. Man kann sich auf Sie verlassen. Sie brauchen allerdings auch das Gefühl, selbständig arbeiten zu können.

Position 2 Sie gehen sehr dynamisch und unüberlegt mit allen Geldangelegenheiten um. Es ist daher wichtig für Sie, sich zu zügeln. Unter Umständen betreiben Sie auch den Gelderwerb als eine Art Sport und verlieren dann den Bezug zu höherer Einsicht und Wirklichkeit.

Position 3 Ein Versprechen reicht Ihnen. Mehr Abmachungen engen Sie nur ein. Aber Vorsicht! Sie sind auch leichtfertig im Umgang mit Verträgen.

Die Bedeutungen beim Liebesorakel

Position 1 Sie sind der oder die aktive Person in dieser Beziehung. Machen Sie ruhig den ersten Schritt. Auf keinen Fall müssen Sie warten, bis der andere aktiv wird. Auf Ihre Treue kann man sich verlassen.

Position 2 Ihr Partner ist Ihr Ritter, das heißt, dass Sie sich auf ihn hundertprozentig verlassen können. Allerdings braucht er auch Ihre Führung. Ohne »Zügel« verliert er seine Klarheit.

Position 3 Diese Karte verweist auf einen anderen Menschen, der zwischen Ihnen steht. Das kann ein Familienmitglied, ein Freund, aber auch ein Rivale sein. Besser vorsichtig sein!

Position 4 Es gibt einen Menschen, der diese Beziehung stört. Versuchen Sie herauszufinden, wer es sein kann. Es ist durchaus möglich, dass es ein früherer Geliebter von Ihnen oder Ihrem Partner ist.

Position 5 Die Karte verweist auf eine dynamische, feurige Zukunft. Man darf gespannt sein.

KÖNIGIN DER STÄBE

Sex

EPILOG Ich bin die Königin und Meisterin des Feuers. Mich drängt es nach Abenteuern und der Begegnung mit anderen Menschen. Ich nutze meine Weiblichkeit, meinen Charme und meinen Sexappeal, um meine Ziele zu erreichen. Ich ziehe jedes Männerherz in meinen Bann. Frauen halten mich für eine Hexe und Zauberin. Ich kämpfe für meine Liebe – und gebe mich der Sinnlichkeit hin.

BILD Abgebildet ist eine Frau, die trotz der männlichen Sitzhaltung sehr weiblich wirkt und Attraktivität versprüht. Ihr Zepter ist der Feuerstab. Die Löwenköpfe an den Seiten und die roten Löwen, die die Lehnen des Throns schmücken, sind ebenso wie die Sonnenblume in ihrer linken Hand Zeichen für die Verbundenheit mit der Sonne. Gelb dominiert das Bild und deutet auf das spirituelle Bewusstsein und ein offenes, mitleidvolles Herz hin. Die Königin der Stäbe verkörpert zwar die höchste weibliche Vollendung des Feuerelements, trägt aber im Unterschied zum Ritter der Stäbe die Feuerkräfte nicht nur nach außen, sondern konzentriert sie auch nach innen.
Schwarze Katzen waren in der Antike eine Metapher für Eigenwilligkeit, ungestüme Lebensfreude und Sinnlichkeit und wurden später zum Hexensymbol. Auf dieser Karte symbolisiert sie somit die Hexe und Zauberin, die in jeder Frau steckt.

DEUTUNG Die Königin der Stäbe ist eine positive Karte, die für Aktivität, Kraft, Vitalität und neue, belebende Kontakte steht. In beruflichen Angelegenheiten bedeutet diese Karte, dass man weiterkommen will und bereit ist, Verantwortung zu übernehmen. Tatsächlich leistet man mehr im Management als in einer untergeordneten Position. Man besitzt Begeisterungsfähigkeit, Tatendrang und Kommunikationsfähigkeit. Doch als Königin verweist die Karte auch auf Hochmut und Stolz. Der negative Aspekt dieser Karte und damit auch jeder Person, für die sie steht, ist Ungeduld. Im Beziehungsleben steht die Karte stets für einen sehr sinnlichen Menschen.

Die Bedeutung als Themenkarte

Die Person, für die diese Karte aufgedeckt wird, ist überlegen, feurig, hitzig, dynamisch und sehr erotisch. Sexualität ist für sie sehr wichtig und die Botschaft, die sie vermittelt. Sexualität prägt ihr Lebensgefühl, sie setzt sie sogar als Waffe ein. Sie besitzt auch Führungsqualitäten, ist aber oft zu spontan und ungeduldig. Wird die Karte nicht für eine Person, sondern im Hinblick auf eine bestimmte Angelegenheit, ein Thema oder ein Ereignis aufgedeckt, so verweist sie dennoch auf einen Menschen mit dem oben beschriebenen Charakter.

Die Bedeutungen beim Karrierecheck

Position 1 Bei Geschäften, Vereinbarungen und Investitionen schaffen Sie es mühelos, Konkurrenten durch Ihre Schnelligkeit aus dem Feld zu schlagen. Doch Vorsicht: Handeln Sie nicht unüberlegt!

Position 2 Geld und Sex? Das ist immer eine skurrile Verbindung. Besser Sie denken beim Sex nicht an Geld – und umgekehrt.

Position 3 Sie sind im Begriff, eine geschäftliche Abmachung zu treffen, die zu Lasten Ihrer Lust und Sinnlichkeit geht.

Die Bedeutungen beim Liebesorakel

Position 1 Mit den Waffen einer Frau ...! Oder haben Sie vergessen, wie sinnlich Sie sein können? Benutzen Sie Ihren Kopf und Ihren Körper. Die Karte in dieser Position fordert Sie dazu auf, alles zu geben: hemmungslos, wild, schamlos und berechnend zu sein.

Position 2 Ihr Partner macht Sie rasend. Er ist erfrischend hemmungslos. Bei ihm dreht sich alles um Sex, Verführung, Sinnlichkeit und Leidenschaft. Er verdient einen Platz ganz nahe bei Ihnen.

Position 3 Eine andere Frau steht zwischen Ihnen und Ihrem Partner. Sie ist Ihrer Beziehung gegenüber nicht negativ eingestellt. Dennoch kann sie zu einem Problem werden.

Position 4 Es gibt eine andere Frau, die Ihre Liebe blockiert. Damit kann eine frühere Geliebte Ihres Partners, aber auch eine Nebenbuhlerin gemeint sein. Vorsicht ist angebracht.

Position 5 Die Karte verrät eine positive Wende, beziehungsweise eine positive Entwicklung Ihrer Beziehung.

KÖNIG DER STÄBE

Feuer

EPILOG Ich bin stark. Ich bin Feuer. Ich habe Sex, und ich liebe Sex. Ich bin ausdauernd – aber nur, wenn mir etwas gefällt. Ich zeige mich der Welt aktiv, fordernd und bestimmend. Meine Nähe ist für andere nicht immer leicht zu ertragen, denn ich sprühe nur so vor Energie. Manche Menschen fühlen sich in meiner Nähe überfordert. Mein Drang nach Neuem ist so groß, dass ich nirgends lange verweilen kann.

BILD Stolz, konzentriert und beherrscht sitzt der König der Stäbe in eigenwilliger Haltung auf seinem Thron. Sein abgewinkelter Ellenbogen und die zur Faust geballten Hand stehen für Durchsetzungskraft. Das rote Gewand symbolisiert Lebens- und Willenskraft und Triebhaftigkeit. Der Brustüberwurf in Grün, der Farbe des lebendigen und frischen Wachstums, zeigt das »junge« Herz und Gemüt des Königs. An seiner Seite sieht man einen lebendigen Feuersalamander. Auch Mantel und Thron sind damit geschmückt. Von diesem Tier heißt es, es könne durchs Feuer gehen, ohne zu verbrennen. Das heißt, dass auch der König der Stäbe eine Feuerprobe unverletzt bestehen würde. Ja, er übersteht sie nicht nur, er braucht sie sogar. Denn nur im Feuer trennen sich Gold und Schlacke, trennt sich Edles von Minderwertigem.

DEUTUNG Die Karte König der Stäbe drückt grundsätzlich Willenskraft, Selbstvertrauen, Lebensbejahung und Freude an Macht, Größe und Reichtum aus. Damit ist nicht nur äußerer Reichtum gemeint, sondern auch das Streben nach innerem Wachstum, Entfaltung und Reife. Der König der Stäbe ist der Feuerkönig. Er ist besonders selbstbewusst und expansiv. Er steht im Beruf für den Manager. Für die Liebe zeigt die Karte an, dass derjenige, für den sie aufgedeckt wird, über besonders viel sexuelle Potenz verfügt. Außerdem steht die Karte für stolze, manchmal sogar hochmütig Menschen, die auch sehr herrisch sein können. Insbesonders darf man von ihnen nicht erwarten, dass sie den ersten Schritt machen.

Die Bedeutung als Themenkarte

Der Mensch, für den die Karte aufgedeckt wird, ist überlegen, feurig, hitzig, dynamisch und sehr erotisch. Sexualität ist für ihn sehr wichtig. Er besitzt allerdings auch Führungsqualitäten und ist der geborene Manager. Wird die Karte nicht für eine Person, sondern eine bestimmte Angelegenheit, ein Thema oder ein Ereignis aufgedeckt, so verweist sie auf jemanden mit dem oben beschriebenen Charakter.

Die Bedeutungen beim Karrierecheck

Position 1 Sie sind zum Manager geboren. Gut sind Sie dort, wo Sie Ihr Führungstalent, Ihre natürliche Autorität und Ihre dynamisch/aktive Veranlagung einsetzen können. In untergeordneten Positionen ecken Sie leicht an. Beeindruckend ist Ihre Begeisterunsgfähigkeit. Sie können andere mitreißen. Sie gehören nicht an den Schreibtisch oder wenigstens nicht lange. Sie müssen unterwegs sein, Leute treffen, neue Gebiete erobern.

Position 2 Sie sind dynamisch und impulsiv im Umgang mit dem Geld, investieren schnell, verlieren aber auch schnell die Übersicht. Sie bräuchten eine Person an Ihrer Seite, die Ihre Ein- und Ausgaben überwacht.

Position 3 Sie sind über Verträge und Abmachungen erhaben. Sie halten stets, was Sie versprechen. Man kann sich auf Sie hundertprozentig verlassen.

Die Bedeutungen beim Liebesorakel

Position 1 Sie sind besessen von Ihrem Partner. Dieser Mensch lässt Sie Ihr eigenes Ich vergessen. Sie versuchen, ihm alles recht zu machen. Ob das gut gehen kann, steht auf einem anderen Blatt.

Position 2 Der König der Stäbe symbolisiert einen Mann mit großer Leidenschaft. Zugleich ist er treu und hingabefähig. Einen besseren Partner können Sie kaum finden.

Position 3 Der König der Stäbe verbindet Sie. Das bedeutet, dass Sie in einer feurigen, erotischen und leidenschaftlichen Beziehung stecken.

Position 4 Es gibt einen Rivalen, einen anderen Mann. Das Tarot läßt völlig offen, um wen es sich handelt: Ihren Vater? Einen früheren Liebhaber? Einen weiteren Geliebten von Ihnen?

Position 5 Sie werden bald einem feurigen Mann begegnen. Ob es Ihr alter oder ein neuer Partner ist, darüber schweigt das Tarot.

ASS DER KELCHE

Gefühl

EPILOG Ich fühle – also bin ich. Das Leben, das Dasein überreicht mir ein neues Geschenk, einen Kelch, aus dem Wasser strömt. So strömen die Gefühle aus mir heraus und in mich hinein. Wenn ich mich öffne, öffne ich mich allerdings auch für das Leid. Denn aus dem Kelch des Lebens fließen nicht nur angenehme Schwingungen. Gefühle zu haben, bedeutet auch, verletzbar zu sein, es entspricht meiner menschlichen Natur, zu fühlen. Es ist mein Recht. Ich fühle – also bin ich.

BILD Ein weißer Strahlenkranz legt sich um eine Hand, die aus einer grauen Wolke ragt und einen goldenen Kelch hält. Aus ihm fließt Wasser in einen Lotusteich. In vielen Mythologien und Religionen symbolisiert Wasser bzw. ein mit Wasser gefüllter Kelch die Seele des Menschen und seine Gefühle. Eine Taube, die eine Hostie mit einem Kreuz in den Kelch legt, drückt die göttliche, die spirituelle Liebe aus. Das gesamte Bild ist ein Sinnbild des Wasserkreislaufs, wie es von den Höhen des Himmels über die fünf Ströme zu den Tiefen der Erde fließt, die durch die Seerosen auf dem Teich dargestellt wird. Die Farbe des Kelches, Gold, steht für Licht und Erleuchtung, die Farbe Blau für das empfangende Prinzip.

DEUTUNG Das Ass der Kelche ist eine der größten Glückskarten im Tarot. Wie auch die anderen Asse zeigt sie Chancen, die in einem selbst liegen: wenn man seinen Gefühlen freien Lauf lässt, findet man das Glück. Wie alle anderen Kelch-Karten symbolisiert auch das Ass der Kelche das Wasserelement. Die Stab-Karten, Zeichen des Feuerelementes, symbolisieren die aktive Seite des Menschen; dagegen zeigen die Kelch-Karten seine reaktive Seite: wie er die Welt in sich aufnimmt, welche Empfindungen und Gefühle ausgelöst werden, welche Schwingungen sie in ihm erzeugen. Am stärksten werden Gefühle durch die Kraft der Liebe angesprochen.

Die Bedeutung als Themenkarte

Öffnen Sie sich. Verschließen Sie nicht Ihr Herz. Betrachten Sie den Kelch, wie das Wasser aus ihm herausströmt. Lassen Sie sich von diesem Bild inspirieren. Mit dieser Karte kann Ihnen nur Gutes widerfahren. Geben Sie sich weich und offen. Haben Sie Vertrauen. Alles steht zum Besten.

Die Bedeutungen beim Karrierecheck

Position 1 Ihre Tätigkeit bereitet Ihnen Freude. Sie entdecken, dass Ihr Beruf nicht nur Ihre Existenz sichert, sondern sie auch emotional nährt, dass Arbeiten glücklich macht. Je mehr Sie vom Gefühl der Liebe in Ihr Handeln einfließen lassen, um so sicherer, fröhlicher und erfolgreicher werden Sie sein.

Position 2 Ohne es vielleicht selbst zu bemerken, haben Sie ein sehr emotionales Verhältnis zum Geld: Sie haben es gerne in Ihrer Nähe, Sie lieben es. Genau das ist richtig! Das Geld mag auch Sie und kommt zu Ihnen. Vertrauen Sie dieser geheimnisvollen Gesetzmäßigkeit.

Position 3 Sie können sich auf Ihr Gefühl verlassen. Sie brauchen keine Analyse. Sie benötigen nicht einmal einen Vertrag. Wenn Ihr Gefühl stimmt, ist auch alles andere richtig.

Die Bedeutungen beim Liebesorakel

Position 1 Eine der schönsten Karten steht für Sie und Ihre Liebe. Sie spiegelt Sie, sie ist ein Abbild Ihrer Liebe, und sie ist eine Einladung, Ihr Herz ganz zu öffnen, sich ganz hinzugeben. Diese Liebe ist ein großes Geschenk.

Position 2 Wie der Kelch überströmt, so ist auch Ihr Partner voller Gefühle für Sie. Jetzt müssen Sie nur wissen, dass Gefühle einen Mann auch empfindsam machen. Betrachten Sie es nicht als Schwäche, sondern als Seelenstärke.

Position 3 Diese Karte in dieser Position segnet Ihre Liebe. Hier begegnen sich zwei Menschen mit offenem Herzen und mit Liebe, Lust und Leidenschaft füreinander.

Position 4 Ihre Gefühle sind abgekühlt. Irgendetwas ist passiert, das Ihnen Angst macht. Es ist möglich, dass diese Angst aus einer früheren Verletzung rührt.

Position 5 Freuen Sie sich. Ihre Liebe erfährt bald einen neuen Höhepunkt. Das Ass der Kelche wartet auf Sie.

ZWEI DER KELCHE

Begegnung

EPILOG Ich öffne mein Herz. Ich bin offen und bereit für die Liebe. Ich spüre die Gefühle eines anderen Menschen. Wir beide schwingen auf der gleichen Wellenlänge. Meine Bereitschaft, Liebe zu geben und zu empfangen, macht mich begehrlich. Es gibt nichts zu tun, als das zu genießen, was das Leben für mich bereithält.

BILD Ein Mann und eine Frau stehen sich gegenüber. Die Frau bietet dem Mann einen Kelch dar. Der Mann streckt ihr die Hand entgegen, um ihn anzunehmen und bietet ihr seinerseits seinen Kelch an. Es ist ein Austausch zwischen zwei Menschen, ein wechselseitiges Geben und Nehmen. Zwischen den beiden schwebt ein geflügelter Löwenkopf und der Merkurstab mit der doppelten Schlange. Beide symbolisieren Leidenschaft, die mit Spiritualität in Einklang steht. Die weißen Kleidungsstücke – bei der Frau das Kleid und beim Mann das Hemd – drücken Unschuld aus. Der blaue Umhang der weiblichen Figur repräsentiert das weibliche, das empfangende Prinzip. Die grünen Hügel mit dem Haus im Hintergrund versinnbildlichen Hoffnung und Fruchtbarkeit.

DEUTUNG Die Zwei der Kelche verweist wie alle Kelch-Karten auf Gefühl, Mitgefühl, Liebe und auf die aufnehmende Seite des Menschen. Hier ist die Liebe zwischen zwei Menschen gemeint. Ob diese Liebe zur großen »Lovestory« wird oder ein Flirt für einen kurzen Augenblick bleibt, entscheiden die anderen Karten. Denn die Ziffer Zwei beinhaltet immer auch den Zweifel und die Unentschiedenheit. So verweist die Karte eher auf den möglichen Beginn einer Liebe. Oder sie sagt aus, dass man mit einem anderen Menschen auf der gleichen Wellenlänge schwingt. Auf den Beruf bezogen bedeutet es, dass vielleicht zu einem Kollegen oder dem Chef eine gefühlsmäßige Bindung besteht, die eventuell selbst noch nicht wahrgenommen wird. Die Karte ist oft auch der Vorbote einer neuen Freundschaft.

Die Bedeutung als Themenkarte

Sie werden mit offenen Armen und mit offenem Herzen empfangen, wo immer Sie jetzt hinkommen. Das setzt aber voraus, dass auch Sie selbst offen auftreten. Rechnen Sie mit emotionalem Austausch, mit Glück, Erfolg und Zufriedenheit.

Die Bedeutungen beim Karrierecheck

Position 1 Die Karte signalisiert, dass Sie Ihre Arbeit lieben. Diese Liebe ist wichtig und richtig. Gelingen entsteht, wenn Sie sich verschenken, wenn Sie Ihren Verstand ausschalten. Aber gehen Sie auch nicht zu weit. Warten Sie, was die Zeit noch alles bringt.

Position 2 Geld ist an sich nutzlos und tot. Erst wenn Sie es als Quelle der Liebe und des Glücks für sich und andere entdecken, wird es lebendig und bereichert Ihr Dasein.

Position 3 Alles steht unter dem Gedanken gegenseitiger Liebe. Erfolg resultiert aus den Schwingungen des Herzens. Sie brauchen keinen Vertrag. Sie können Ihrem Gefühl vertrauen.

Die Bedeutungen beim Liebesorakel

Position 1 Sie sehen es selbst, die Karte der Liebe steht für Sie. Gehen Sie nur nicht soweit, dass Sie die Liebe bereits für besiegelt glauben. Die Karte deutet eher an, das Liebe möglich ist.

Position 2 Ihr Partner ist bereit für Liebe. Er ist offen für Sie, er erlaubt seinem Herz, sich mit dem Ihrigen zu verbinden. Doch besiegelt dies noch keine feste Liebe. Die Zahl Zwei beinhaltet immer auch den Zweifel. Warten Sie also ab.

Position 3 Zwischen Ihnen ist eine große Liebe möglich. Allerdings ist sie noch am Anfang. Sie müssen noch warten, ob aus dieser Begegnung auch wirklich eine Liebe wird.

Position 4 Zwischen Ihnen kann die Liebe nicht fließen. Vielleicht hat eine frühere Verletzung damit zu tun. Möglicherweise haben Sie sich in dieser Beziehung weh getan. Jedenfalls stagniert gerade der Fluß der Gefühle.

Position 5 Die Karte verkündet eine positive Wende. Haben Sie Vertrauen und stellen Sie sich auf eine wunderbare Zeit ein.

DREI DER KELCHE

Fröhlichkeit

EPILOG Ich fühle mich geliebt. Ich fühle mich von anderen Menschen angenommen. Ich lebe aus dieser emotionalen Fülle heraus, und mir geht es gut. Dankbar und zufrieden genieße ich Glück und Freude. Ich möchte feiern, tagelang, nächtelang... Das Leben ist Glück. Ich bin das Glück. Ich könnte die ganze Welt umarmen.

BILD Drei Frauen, die Töchter der Fröhlichkeit, der Liebe und des Glücks, tanzen und trinken sich zu. Dies könnte der Tanz von Brautjungfern sein oder einfach ein Tanz aus überströmender Freude und Glück. Außerdem versinnbildlichen die Jungfrauen die drei Grazien, die drei Nornen (Schicksalsgöttinnen) oder die drei Wünsche aus dem Märchen. Die Ziffer Drei ist eine stabile Zahl, sie vollendet die Zahl Zwei: Es heißt Vater, Sohn und Heiliger Geist, zu einer Familie gehören Vater, Mutter und Kind. So spiegelt diese Karte die Verlässlichkeit der Gefühle. Der Blumenschmuck und die Früchte erinnern an Erntedank. Auch die Farben auf der Karte strahlen Freude und Liebe aus.

DEUTUNG Die Drei der Kelche verkündet Fröhlichkeit, Glück, Festlichkeit, Fülle, Erfolg, Ehre und Ruhm. Sie zeigt freudige Ereignisse an, wie eine Verlobung, eine Hochzeit, einen Geburtstag, einen erfolgreichen Schul- oder Studiumsabschluss. Vor allem verheißt sie aber Glück in der Liebe. Die Karte steht für eine feste und stabile Beziehung (im Unterschied zur Zwei der Kelche, die nur die Chance für eine Liebe darstellt). Nach einer Krankheit oder einer Phase des Kummers verspricht sie physische und psychische Genesung. Es ist die Karte der Freude. Allein diese Karte für sich aufzudecken, ist bereits ein glücklicher Augenblick.

Die Bedeutung als Themenkarte

Hoch die Tassen, es darf gefeiert werden! Die Karte fordert Sie regelrecht dazu auf, die Arbeit ruhen zu lassen und sich den amüsanten Dingen des Lebens zu widmen. Die Karte bedeutet immer eine angenehme Zukunft. Sie verheißt Freude und Freunde. Sie besagt, dass Sie ohne Sorgen in die Zukunft schauen können.

Die Bedeutungen beim Karrierecheck

Position 1 Sie haben Grund zum Feiern, denn Sie sind erfolgreich. Lassen Sie Ihre Kollegen und Freunde an Ihrem Erfolg teilhaben.

Position 2 Sie sind ein Glückspilz und haben gerade eine Goldader gefunden. Investieren Sie Ihr Geld. Geben Sie es aus. Es kommt dreifach zurück. Die Karte signalisiert aber auch, dass Sie Geld nicht zu hoch bewerten dürfen. Denn Glück, Liebe und Zufriedenheit kann man nun mal nicht einfach kaufen.

Position 3 Jetzt ist die beste Zeit für Bewerbungen, Gehaltsverhandlungen oder Aufstiegs-Gespräche. Auch Verträge und Absprachen stehen unter einem guten Stern.

Die Bedeutungen beim Liebesorakel

Position 1 Diese Karte verkündet eine feste Beziehung, manchmal auch eine Hochzeit oder eine Familiengründung.

Position 2 Ihr Partner ist fest entschlossen, mit Ihnen eine feste Beziehung einzugehen. Ja, er möchte vielleicht sogar mehr, eine Familie mit einem Kind.

Position 3 Diese Karte an dieser Position ist die beste Versicherung für ein lebenslanges »Ja«.

Position 4 In dieser Position verkündet die Karte Hemmungen und Verhinderungen. Eine Blockade ist aufgetreten. Man muss jetzt die Ursachen finden, bevor Ihre Liebe ganz zu Ende geht.

Position 5 Die Karte verkündet eine baldige Stabilisierung und Festigung Ihrer Beziehung. Sie könnte sogar auf einen Heiratsantrag hinweisen.

VIER DER KELCHE

Sättigung

EPILOG Alles geschieht wie im Traum, alles erfüllt sich wie von selbst. Ich sitze einfach da und genieße den Augenblick. In meinem Glück bemerke ich gar nicht, dass mir das Leben ein neues Geschenk überreicht. Ich bin viel zu versunken in das, was ich bereits habe. Etwas anderes interessiert mich nicht.
Ist es jetzt an der Zeit, diesen neuen Kelch anzunehmen oder geht es vielmehr darum, ihn zurückzuweisen und zu sagen: »Lass diesen Kelch an mir vorübergehen?«

BILD Eine Gestalt sitzt unter einem Baum und vor ihr stehen drei Kelche. Wie beim Ass der Kelche wird ihr ein neuer Kelch gereicht. Doch die Person, die männlich oder weiblich sein kann, nimmt keine Notiz davon. Oberflächlich betrachtet, wirkt sie ruhig und zufrieden. Sie scheint zu schlafen oder ist so versunken, dass sie nicht bemerkt, was um sie herum vorgeht. Bei näherer Betrachtung wirkt sie niedergeschlagen. Ihre Verschlossenheit drückt vor allem die Haltung der Arme und Beine aus. Auch die Kleidung strahlt trotz des roten Hemdes weder Fröhlichkeit noch Vitalität aus. Ein Baum versinnbildlicht die Natur, aber auch den Menschen als einen Teil der Natur. Die Gestalt sitzt an den Wurzeln des Baumes und symbolisiert damit die Rückkehr zu den eigenen Wurzeln.

DEUTUNG An sich ist die Vier eine harmonische und in sich abgeschlossene Zahl. Und das drückt die Person im Bild bei oberflächlicher Betrachtung auch erst einmal aus: Ruhe und Zufriedenheit. Aber am Horizont dämmert schon die Wende: wer satt ist vom Glück wird leicht selbstgefällig. Wenn nichts geschieht, was einen weckt und die Augen öffnet, wird Unheil geschehen. In der Beziehung zu anderen Menschen signalisiert die Karte, dass man im »Schmollwinkel« sitzt, sauer ist, sich abschottet und neue Kontakte nicht an sich heranlässt. Manchmal weist die Karte auch auf einen Seitensprung des Partners hin.

Die Bedeutung als Themenkarte

Vorsicht! Die Karte ist eine Mahnung. Sie könnten etwas verschlafen, was sehr wichtig für Sie ist. Vielleicht sind Sie auch zu sehr mit dem beschäftigt, was direkt vor Ihrer Nase liegt und sehen nicht, was sonst noch alles geschieht. In jedem Fall ist es ratsam, Augen und Ohren aufzusperren, wenn Sie nicht Nachteile in Kauf nehmen wollen.

Die Bedeutungen beim Karrierecheck

Position 1 Sie sind selbstgefällig und bequem geworden. Ihr Unternehmen, Ihr Betrieb, Ihre Karriere – alles dämmert vor sich hin. Ihre Stelle gleicht dem Bett, in das Sie sich jeden Abend zurückziehen. Aber der Wunsch nach Erneuerung, Abwechslung und Expansion lebt in Ihren Träumen fort.

Position 2 Vor Ihnen liegt ein Angebot, aber Sie bemerken es nicht. Öffnen Sie die Augen. Greifen Sie nach den Chancen, die Ihnen geboten werden. Die Karte verweist häufig auf Erwerbsquellen, die man nicht wahrnimmt oder auf Angebote, die man übergeht.

Position 3 Die Karte ist ungünstig für alle Vorhaben, also auch für Bewerbungen und Vorstellungen.

Die Bedeutungen beim Liebesorakel

Position 1 Sie verschlafen gerade Ihre Liebe. Oder träumen Sie von einer anderen? Jedenfalls deutet diese Karte auf eine Wende hin. Sie ist eine Warnung. Achten Sie darauf, was jetzt geschieht.

Position 2 Ihr Partner hat sich in sich selbst zurückgezogen. In seinen Träumen ist er unterwegs. Vielleicht sucht er eine größere Liebe. Die Karte ist eine Warnung. Nehmen Sie sich Ihrer Liebe an.

Position 3 Die Karte in dieser Position verweist häufig auf geheime Absichten. Sie oder Ihr Partner liebäugeln mit einer neuen Beziehung, Sie sind also unzufrieden.

Position 4 Die Karte an dieser Position ist negativ. Sie signalisiert häufig den Anfang vom Ende. Etwas ist passiert in Ihrer Partnerschaft, das Liebe und Vertrauen verhindert.

Position 5 Diese Karte ist eine Warnung. Ihre Liebe ist in Gefahr. Etwas bedroht Sie, womöglich ein Rivale oder eine Rivalin. Seien Sie auf der Hut.

FÜNF DER KELCHE

Enttäuschung

EPILOG Drei Kelche sind umgestoßen. Die Töchter des Glücks, der Fröhlichkeit und der Liebe haben mich verlassen. Nur zwei Kelche bleiben mir und damit das Gefühl der Unsicherheit und Uneindeutigkeit, ja sogar der Ver-zwei-flung und Enttäuschung. »The honeymoon is over«, mein »Glücksmond ist vorbei«. Aber ich bin nicht verloren. Mein Herz sucht nicht nur das Glück. Es findet sich auch im Schmerz, im dunklen Tau der Nacht.

BILD Eine Gestalt in einem schwarzen Trauermantel steht in kummervoller, trauernder Haltung an einem Fluss. Der Mann oder die Frau scheint sehr betroffen zu sein, dass die Kelche umgestoßen sind. Die drei Kelche, deren Inhalt sich auf der Erde verströmt, sind ein bildlicher Ausdruck für das Ende des sicheren Glücks, der Liebe und der Fröhlichkeit. Auch der Fluss, der durch das Bild fließt, steht für Gefühle: Gefühle, die fließen und sich ändern. Die beiden stehenden, gefüllten Pokale weisen auf die Chance eines Neubeginns, auf einen Ausweg hin. Die Burg im Hintergrund ist als ein Hort des Vergangenen und des Verflossenen, aber auch des Bewahrenden und Zukünftigen zu sehen.

DEUTUNG Die Fünf der Kelche bedeutet Schmerz, Leid, Trennung, Verlust, Verzweiflung, Enttäuschung. Sie zeigt Veränderungen im Beruflichen wie im Privaten an. Oft signalisiert sie sogar den Anfang vom Ende. Die Ursachen dafür liegen in gegenseitiger Missachtung, eventuell aus dem Gefühl heraus, dass man sich einer Sache zu sicher war. Die Ziffer Fünf ist eine bewegliche Zahl und eine schicksalhafte Folge der Vier. Wer die Aufforderung auf der Ebene der Vier verschläft, trägt auf der fünften die Folgen. Häufig steht die Karte für eine Trennung. Nicht immer ist damit allerdings die momentane Beziehung selbst gemeint, sondern eine verflossene, die aber nicht abgeschlossen ist und daher in die bestehende Liebe hineinragt. Eine Enttäuschung ist immer auch die Gelegenheit der Ent-Täuschung. Die Karte rät dazu, sämtliche Illusionen und Naivität aufzugeben und die Chance zu nutzen, eine neue innere Wahrheit zu gewinnen.

Die Bedeutung als Themenkarte

Sie müssen mit einer Enttäuschung rechnen. Etwas Sicheres und Stabiles geht zu Ende. Die Karte verkündet Schmerz, Leid, Trennung, Verlust, Verzweiflung und Enttäuschung. Zugleich kündigt die Karte die Chance für einen Neubeginn an.

Die Bedeutungen beim Karrierecheck

Position 1 Die Karte weist oft auf eine Kündigung hin. Manchmal sogar, bevor diese Maßnahme im Unternehmen auch nur gedacht wird. So ist die Karte immer auch eine Mahnung, ein Wink, Ihre berufliche Situation zu überdenken und Ihr Verhalten oder Ihre Ziele zu ändern.

Position 2 Sie haben sich vertan. Die Chancen sind verspielt. Sie haben zu lange gewartet. Jetzt hilft Ihnen allerhöchstens ein Neuanfang weiter. Häufig ist die Karte eine Mahnung, auf Geld besser aufzupassen.

Position 3 Sie erleben eine Enttäuschung. Eine Abmachung hat sich nicht in Ihrem Sinne entwickelt. Suchen Sie die Gründe nicht bei anderen. Sie waren sich Ihrer selbst zu sicher und blind für die Zeichen.

Die Bedeutungen beim Liebesorakel

Position 1 Die Karte spricht für sich. Drei Kelche und damit eine feste und sichere Beziehung liegen am Boden. Zwei Kelche bleiben stehen und mit ihnen der »Zwei-fel«, ob diese Liebe weiterbestehen kann.

Position 2 Über Ihrem Partner schwebt Unheil. Das Tarot zeigt ihn als einen enttäuschten Menschen, der keinerlei Liebe mehr empfindet oder gar Liebe geben kann.

Position 3 Die Karte in dieser Position deutet auf das Ende Ihrer Beziehung hin. Zumindest ist es eine überdeutliche Warnung, ein Hinweis auf ein tiefes Zerwürfnis.

Position 4 Die Karte verrät eine schicksalhafte Wende. Meist signalisiert sie das Ende einer Partnerschaft.

Position 5 Die Karte verkündet eine Wende zum Schlechten, die mit Schmerz und Angst verbunden ist. Aber sie verkündet auch einen Neuanfang.

SECHS DER KELCHE

Erinnerung

EPILOG Ich tauche in die Vergangenheit, in meine Kindheit. Ich suche die Zeit, in der ich glücklich und unbeschwert war. Erinnerungen können glücklich, aber auch unglücklich machen. Die Vergangenheit ist nie wirklich vergangen. Sie bestimmt mein gesamtes Leben. Das Kind in mir ist viel mächtiger als ich denke. Es braucht Raum, wenn ich es jedoch unterdrücke, beginnt meine Kindheit mich zu bedrücken. Solange ich mich nicht in ihr verliere, ist sie eine Quelle, aus der ich Freude und Trost schöpfen kann.

BILD Das Bild ist nicht eindeutig zu interpretieren. Auf den ersten Blick hat es den Anschein eines netten Bildes, auf dem sich zwei Kinder mit Blumen beschenken. Genauso gut aber könnten es Zwerge sein oder Kinder, die sich als Erwachsene verkleidet haben. Das weibliche Wesen ist außerdem noch als Wandelfigur dargestellt. Ihr Gesicht ist zum einen dem Männlein zugewendet, wenn man die gelbe Fläche als ihren Haarschopf betrachtet. Der trägt allerdings auch ein Gesicht, das sich von ihm abwendet und von einem roten Kopftuch umgeben ist. Die Frau versinnbildlicht also Zuwendung und Verweigerung, und das Männlein muß sowohl mit der Annahme als auch mit der Ablehnung seines mit Blumen gefüllten Kelches rechnen. Aber auch die Blüten sind mit Vorsicht zu genießen. Es sind Stechapfelblüten, die Blüten eines giftigen Nachtschattengewächses, das als das bekannteste Hexenkraut gilt, richtig angewandt aber auch als Medizin verwendet wird.

DEUTUNG Die Sechs der Kelche kann das Kind im Erwachsenen bedeuten oder die Erinnerung an seine Kindheit. Sie drückt aus, wie wichtig die Beschäftigung mit dem inneren Kind ist, es wahrzunehmen und zu pflegen, ohne sentimental an der Kindheit festzuhalten. Häufig kündigt sie einen Neubeginn an. Sie warnt aber auch vor der Gefahr, sich in der Vergangenheit zu verlieren. Im beruflichen Bereich steht sie ebenfalls dafür, die Kraft des Kindlichen, Verspielten zu entdecken, zu experimentieren wie ein unschuldiges Kind und dadurch die Chancen auf neue erfolgversprechende Verhaltensweisen zu entwickeln. In der Liebe ist im Zeichen der Sechs der Kelche eine verträumte, romantische und poetische Stimmung angesagt. Man genießt Verliebtheit oder steht kurz davor sich zu verlieben. Die Karte steht auch für den spielerischen Umgang mit den Gegebenheiten und ist eine Aufforderung zu mehr Leichtigkeit.

Die Bedeutung als Themenkarte

Seien Sie eine Spielerin, eine Jongleuse, eine Närrin, ein Kind. So wird Ihr Leben leichter und Sie glücklicher. Außerdem besagt die Karte, dass es sinnvoll ist, sich mit Ihrer Vergangenheit zu beschäftigen. In Ihrer Kindheit liegen nämlich die Wurzeln für die Gegenwart.

Die Bedeutungen beim Karrierecheck

Position 1 Sie bekommen die Chance zu einem echten Neuanfang. Sie müssen allerdings Ihrerseits auch bereit dafür sein. Vergessen Sie alles, was Sie wissen, vergessen Sie Ihre Erfahrungen, beginnen Sie wie ein unschuldiges Kind zu experimentieren und zu spielen. Gelingen erfolgt aus der Kraft des Kindlichen, Verspielten, Unschuldigen.

Position 2 Wenn Sie verkrampft sind, geht gar nichts. Ihre Ernsthaftigkeit überträgt sich doch auf andere. Das Tarot rät zu mehr Leichtigkeit.

Position 3 Jede Absprache, die Ihren Spielraum einengt, ist verkehrt. Unterschreiben Sie jetzt am besten gar nichts. Warten Sie ab.

Die Bedeutungen beim Liebesorakel

Position 1 Flirten ist die Kunst der flüchtigen Verführung. Seien Sie ein Schmetterling, ein Lichtstrahl, ein Mondschein, der auf dem Wasser tanzt.

Position 2 Dieser Mann spielt mit Ihnen. Genießen Sie es. Aber verlangen Sie nicht mehr. Sonst ist der süße Traum schnell zu Ende.

Position 3 Ihre Liebe ist wie das Spiel zweier Kinder, die auf einem bunten Regenbogen balancieren. Diese Beziehung ist herrlich unkompliziert.

Position 4 Hören Sie auf zu kokettieren. Es hat Sie längst viel tiefer erwischt, als Sie wahrhaben wollen. Oder haben Sie Angst vor Leidenschaft?

Position 5 Jetzt hilft Ihnen nur noch ein Witz, ein Lachen, eine fröhliche Geste. Seien Sie um Gottes Willen nicht so ernst. Erinnern Sie sich an Ihre Kindheit. Das hilft Ihnen.

SIEBEN DER KELCHE

Magie

EPILOG Ich schwebe durch das Reich der Magie. Dort befinde ich mich im Land der unbegrenzten Möglichkeiten – aber auch im Reich der Illusion. Die Kraft positiver Gedanken und die Phantasie können mich aus der Bitternis des Lebens befreien. Sie können mich aber auch zur Flucht aus der Wirklichkeit verleiten.

BILD Sieben Kelche schweben auf einer rosafarbenen Wolke – ist es die Wolke der Täuschung oder des siebten Himmels? Jeder Kelch ist mit einer anderen Gabe gefüllt. Die verhüllte Gestalt im Strahlenkranz ist ein Sinnbild für die verhüllte oder unentdeckte Seite des Selbst und für wunderbare oder mysteriöse Geheimnisse. Der Kopf steht für Schönheit und ewige Jugend oder für Eitelkeit und mangelnde Reife, die Schlange für Versuchung und Eifersucht oder aber für Weisheit. Perlen und Schmuck bedeuten Reichtum und materielle Sicherheit, die Burg Macht und Größe oder Abgehobenheit und Einsamkeit. Der Lorbeerkranz als Zeichen des Sieges kann auch als Totenkranz gelten, denn auf dem Kelch ist ein Totenkopf zu erkennen. Der Drache verkörpert sowohl die positive, weiße Magie als auch die negative, schwarze Magie.

DEUTUNG Die Sieben der Kelche ist so vieldeutig wie ihre Darstellung selbst. Es ist die Karte der Magie, der Kreativität und der Phantasie. Genauso kann sie für eine Traumwelt stehen: für eine Fata Morgana, für Realitätsverlust und für Flucht aus der Wirklichkeit. Im Job ist sie eine direkte Aufforderung, sich durch emotionale Intelligenz neue Möglichkeiten zu eröffnen. Besonders Künstler verweist sie auf ihr schöpferisches Potential. Manchmal signalisiert die Sieben der Kelche den Traum von einer erfüllten Liebesbeziehung. Sie kennzeichnet Partnerschaften, die von zu hohen gegenseitigen Erwartungen ausgehen und fordert gleichzeitig auf, die Phantasie bei der Lösung von Beziehungsproblemen einzusetzen. Sie kann auch auf den Konsum von Drogen oder zuviel Alkohol hinweisen. Bei der Deutung sind immer auch die Karten auf den anderen Plätzen sehr wichtig. Für den »Hausgebrauch« empfiehlt sich die Deutung als »Magie« und »Kraft der positiven Gedanken«.

Die Bedeutung als Themenkarte

Weder Besen noch Zauberstab sind gefragt, aber Sie sollten wissen, dass in Ihnen wie in jeder Frau seit ewigen Zeiten die Hexe lebt. Woraus Ihre Hexenkraft besteht? Aus Ihren positiven Gedanken!

Die Bedeutungen beim Karrierecheck

Position 1 Sie sind mit Ihrem Latein am Ende, jetzt hilft nur noch Hexerei! Machen Sie sich die Kraft Ihrer positiven Gedanken, Ihre Phantasie und den Geist des Tarot dienlich.

Position 2 Der richtige Hokuspokus hat schon manchen Esel dazu gebracht, Geld zu spucken. Das Tarot ist überzeugt, dass Sie das ebenfalls können. Am wenigsten hilft es, wenn Sie schwarzsehen.

Position 3 Dieser Vertrag steht auf magischem Papier und ist mit Zaubertinte geschrieben. Unterschreiben Sie – und vergessen Sie's.

Die Bedeutungen beim Liebesorakel

Position 1 Sie können Ihren Partner verzaubern oder sich einen neuen Mann herbeihexen. Vertrauen Sie der Kraft Ihrer Gedanken und Ihrer Phantasie.

Position 2 Dieser Mann kennt Sie. Er besitzt Macht über Sie. Und Sie sind ihm verfallen. Die Kraft seiner Phantasie und seiner Gedanken schafft es sogar, Ihnen ein Kind »anzuhexen«.

Position 3 Über Ihrer Liebe steht die Phantasie. Sie gehören zusammen. Die Muse wacht über Ihnen und schenkt Ihnen glückliche und leidenschaftliche Träume.

Position 4 Vorsicht, es droht Gefahr. Möglicherweise gibt es ein Wesen, das Ihre Liebe vergiftet, sich zwischen Sie und Ihren Partner drängt. Aber das alles kann auch eine Ausgeburt Ihrer Phantasie sein. Bewahren Sie einen klaren Kopf.

Position 5 Gehen Sie an einen magischen Ort. Zünden Sie Kerzen an. Schmücken Sie sich mit einem Kranz aus Blumen, konzentrieren Sie sich auf Ihre Liebe. Was Ihnen jetzt weiterhilft, ist Phantasie.

ACHT DER KELCHE

Abschied

EPILOG Ich nehme Abschied und beginne eine Reise mit einem unbekannten Ziel. Vielleicht, weil ich das Glück verloren habe oder weil mich gerade jetzt das Leben in eine andere Richtung zieht. Vielleicht auch, weil ich – wie der Mond – nach der Fülle die Leere suche. Karg ist das Land und dunkel mein Herz. Ich fühle Abschiedsschmerz und weiß nicht, wohin mein Weg mich führt. Ich breche auf und suche nach neuen Ufern. Von ferne leuchtet mir das Licht der Hoffnung entgegen.

BILD Im Bildvordergrund stehen acht Kelche aufgereiht. Die Lücke in der oberen Reihe wird von einer Figur gefüllt, die den Kelchen den Rücken zuwendet und sich entlang des Ufers entfernt. Die Person scheint zwar einen Ort zu verlassen, aber sie steigt aus dem Tal eine kleine Anhöhe hinauf nach oben. Ihre rote Kleidung versinnbildlicht Lebenskraft. Das Wasser wirkt teilweise wie ein Fluss, ein Fjord oder ein Teich. Das alles sind bildhafte Gestaltungen für Gefühle. Die dunklen Klippen oder Berge, zu denen die Gestalt aufbricht, wirken zwar durch die schwarze Farbe bedrohlich, schimmern aber auch in der Farbe der Hoffnung, in Grün. Obgleich der Mond nur als Sichel am Himmel steht, zeigt er dennoch ein vollständiges Gesicht. Auch das ist ein Hinweis darauf, dass noch nicht alles hoffnungslos und verloren ist.

DEUTUNG Die Acht der Kelche verweist immer auf einen existenziellen Abschied und damit auf einen Neubeginn. In den allermeisten Fällen handelt es sich dabei um partnerschaftliche Trennungen. Nach den Versuchen, sich aus der Kindheit Trost zu holen (Sechs der Kelche) und mit Hilfe der Phantasie alte Wunden zu heilen (Sieben der Kelche), ist jetzt die Einsicht eingekehrt, dass es besser ist, sich aus der Beziehung zu lösen – vielleicht immer noch in der Hoffnung, die gemeinsame Basis zurückzugewinnen. Doch auch die berufliche Situation sollte man im Moment sehr aufmerksam beobachten. Hier steht die Karte oft für eine Kündigung oder signalisiert, dass man sich aus einer unzufriedenen Situation lösen soll. Jeder Neuanfang ist jetzt besser als der alte Trott. So bedeutet die Karte Schmerz, Abschied, Trennung, Verzicht und die Suche nach neuen Ufern.

Die Bedeutung als Themenkarte

Die Karte ist ein ungünstiges Orakel für alle Unternehmungen. Sie müssen davon ausgehen, dass »nichts zusammenkommt«. Es ist sogar so, dass bestehende Verbindungen, Beziehungen und Verträge unter dieser Karte eher ein Ende finden. Zugleich impliziert die Karte, dass jetzt ein Neuanfang günstig ist, auch wenn er durch Leid und Kummer »erkauft« wird.

Die Bedeutungen beim Karrierecheck

Position 1 Sie benötigen eine schöpferische Pause, einen Umweg, eine Weiterbildung, damit Sie in der Routine nicht untergehen. Zurecht sind Sie unzufrieden mit dem, was Sie erreicht haben. Ihr Weg führt Sie aus Sicherheit und Routine, aber das Ziel ist größer als dies: Sie suchen Erfüllung.

Position 2 Scheuen Sie keine Anstrengung und kein Geld, um aus eingefahrenen Gleisen herauszukommen. Investieren Sie in Weiterbildung. Machen Sie eine schöpferische Pause. Fahren Sie in den Urlaub. Pausieren Sie.

Position 3 Lösen Sie sich aus alten Vereinbarungen und Verträgen. Beenden Sie Abhängigkeitsverhältnisse. Seien Sie offen für Neues. Schauen Sie sich in Ihrer Branche um. Denken Sie ruhig auch in ganz neuen Bahnen.

Die Bedeutungen beim Liebesorakel

Position 1 Die Karte der Trennung steht für Sie. Das bedeutet schlicht und einfach, dass der Gedanke, sich aus dieser Beziehung zu lösen, längst in Ihrem Kopf herumgeistert. Jetzt wird es also ernst.

Position 2 Ihr Partner trägt sich mit Trennungsgedanken, der Geist der Trennung hat ihn also bereits erfasst. Allerdings ist nicht sicher, worauf sich seine Trennungsabsichten beziehen: auf Ihre gemeinsame Partnerschaft? Oder auf eine vergangene Geschichte?

Position 3 Aus der Sicht des Tarot sind Sie eigentlich schon getrennt. Diese Karte an dieser Position signalisiert, dass Sie beide, vielleicht auch nur einer von Ihnen, sich »zu neuen Ufern aufmachen«.

Position 4 Die Karte signalisiert eine Blockade. Sie haben beide Angst davor, sich tiefer in die Beziehung einzulassen. Aus dieser Angst heraus denken Sie an Trennung.

Position 5 Ihre Wege führen im Moment auseinander. Aber das ist ein positives Zeichen. Ihre Wege werden auch wieder zusammenführen.

NEUN DER KELCHE

Ansehen

EPILOG Ich habe das Glück gefunden, nach dem ich mich immer gesehnt habe. Ich zeige allen anderen meine Freude. Eigentlich habe ich jetzt alles, was ich brauche. Jetzt kann ich mich ausruhen, denn es gibt nichts zu tun. Aber liegt in meiner Selbstgefälligkeit nicht auch Selbstbetrug? Erliege ich nur dem Schein eines erfüllten Lebens? Bei all meiner Freude sollte ich diese Fragen nicht außer Acht lassen.

BILD Ein Mann sitzt inmitten seiner Kelche. Sie sind hinter ihm aufgereiht wie auf einer Bühne. Gemeint ist die Bühne des Lebens. Das Gesicht des Mannes drückt Zufriedenheit und Fröhlichkeit aus, seine Armhaltung signalisiert Reichtum und das Gefühl: »Jetzt habe ich es geschafft«. Die ganze Gestalt strahlt eine gewisse Selbstgefälligkeit aus. Die roten Strümpfe und die rote Mütze signalisieren Kraft, Willen und Begeisterung. Blau und Gelb sind die beiden vorherrschenden Farben auf der Karte. Die Farbe Blau verkörpert Gefühl und Glauben, die Farbe Gelb Klarheit und Licht.

DEUTUNG Die Neun der Kelche steht für eine glückliche Phase der Zufriedenheit, Gesundheit und Zuversicht, also für gute Zeiten. Die Betonung liegt auf den geselligen, sinnlichen Aspekten im Leben. Sie warnt aber auch vor Übertreibungen, Genusssucht und eitler Selbstzufriedenheit. In der Liebe bedeutet sie ein harmonisches lustvolles Miteinander. Oft verkündet sie die glückliche Wende in einer partnerschaftlichen Auseinandersetzung. Auch im Berufs- und Geschäftsleben steht sie für Glück, Gelingen und Spaß an der Arbeit. Die Karte gilt auch als Wunschkarte, denn sie verspricht dem Fragenden die Erfüllung seiner Wünsche. So verweist die Neun der Kelche einerseits auf die Freude über Wohlergehen und inneren Reichtum, aber auf der anderen Seite mahnt sie auch, den zehnten und letzten Kelch nicht zu vergessen. Erst mit zehn Kelchen ist die Freude vollkommen. Diesen letzten Kelch kann man sich aber nicht selbst verdienen. Er ist das liebevolle Geschenk eines anderen Menschen.

Die Bedeutung als Themenkarte

Wo immer Sie hinkommen und auftreten, man nimmt Sie mit offenen Armen auf, man hofiert und respektiert Sie. Sie strahlen Erfahrung und Lebensfülle aus. Das kommt an. Ein »Aber« gibt es dennoch, nämlich den Hang zur Selbstgefälligkeit, und genau der würde Ihre tollen Chancen zunichte machen.

Die Bedeutungen beim Karrierecheck

Position 1 Glück und Gelingen stehen über Ihrem Tun. Wenn Sie offen und großherzig auftreten, trägt Sie die Kraft des günstigen Schicksals bis an die Spitze. Sie sind dazu bestimmt, andere zu führen. Weil Sie Ihr Herz nicht verleugnen, erhalten Sie die Zuneigung vieler Herzen.

Position 2 Geld macht nicht glücklich. Es ist umgekehrt. Wenn Sie glücklich sind, sind Sie reich, und das Geld strömt in Ihre Richtung.

Position 3 Ihre Verträge und Vereinbarungen sind gut und werden eingehalten. Sie haben viel zu bieten und werden reich beschenkt. Achten Sie nur darauf, dass Sie Ihr offenes Herz nicht verlieren.

Die Bedeutungen beim Liebesorakel

Position 1 Die Karte spricht für sich. Wenn Sie sich vorstellen, dass sie ein Spiegel Ihrer Liebe ist, dann können Sie aus dem Vollen schöpfen. Sie haben alles, was ein Mensch zu geben hat. Was Ihnen noch fehlt, kann Ihnen nur Ihr Partner schenken.

Position 2 Ihr Partner hat nicht nur Gefühl, er zeigt es auch. Er ist sogar stolz darauf. Das macht ihn so sympathisch und liebenswert.

Position 3 Zwischen Ihnen fließt ein Strom der Gefühle. Jeder von Ihnen hat viel zu geben und zu nehmen. Dieser gegenseitige Austausch macht Ihre Liebe reich.

Position 4 Sie halten fest. Sie wollen keinen Austausch mehr stattfinden lassen. Ihre Liebe ist zum Stagnieren gekommen. Jetzt hängt alles davon ab, ob Sie den Knoten finden und lösen können.

Position 5 Die Zukunft sieht golden aus. Sie können sich im Gefühl der Liebe regelrecht »baden«. Das sind tolle Aussichten.

ZEHN DER KELCHE

Zufriedenheit

EPILOG Wieder bin ich am Ende einer Reise und habe eine weitere Ebene zur Verwirklichung durchlebt. Ich bin angekommen, und diesmal wendet sich das Leben nicht gegen mich, sondern es beschenkt mich mit einem goldenen Regenbogen. Ich bin an dem Ort, wo ich zuhause bin, bin bei Menschen, die mir mit offenem Herzen begegnen, bin bei einer außergewöhnlichen Liebe, bei meiner Familie oder bei einer Gemeinschaft, die mich trägt.

BILD Das Bild stellt die heile Welt dar. Mann und Frau verbunden in einer innigen Geste winken vor Freude und heißen das Glück willkommen. Die zwei Kinder, die ausgelassen Ringelreien tanzen, vervollkommnen das Glück des Liebespaars – eine glückliche Familie. In der Kleidung von Mann und Frau sind in harmonischem Gleichklang die beiden Farben Rot und Blau zu sehen. Blau für Gefühle, Glaube, das empfangende weibliche Prinzip, und Rot für Lebenskraft, Willen, das gebende, männliche Prinzip. Die idyllische Landschaft durchfließt ein ruhiger Bach, der Bach der Gefühle, der die Wiesen der Hoffnung und der Fruchtbarkeit tränkt. Das Haus im Hintergrund bildet einen Hort der Geborgenheit. Die gesamte Szene überstrahlt der goldene Regenbogen des Glücks, mit den zehn Kelchen als Sinnbild für Vollendung und Erfüllung.

DEUTUNG Die Zehn der Kelche verkörpert alle glücklichen Umstände des Lebens. Sie bedeutet eine Ankunft in der Zufriedenheit. Vor allem ist sie eine Familienkarte und steht für Harmonie und wahre Liebe. Sie verweist auf eine glückliche Fügung im zwischenmenschlichen Bereich, auf neue dauerhafte Freundschaften und bereichernde Kontakte. In Liebesbeziehungen drückt sie echte Gefühle aus und kündet nicht selten Heiratspläne oder eine Verlobung an. Auf jeden Fall ist sie ein bildhafter Ausdruck für die Festigung einer Beziehung. Im Berufsleben kennzeichnet sie eine erfolgreiche Phase und eine harmonische Atmosphäre in der Zusammenarbeit mit Kollegen, Vorgesetzten, Mitarbeitern und Geschäftspartnern. Man darf an sein Glück glauben und das Leben genießen.

Die Bedeutung als Themenkarte

Sie stehen vor dem Tor ins Wunderland. Das Glück hat Sie auserkoren. Eine der schönsten Karten des Tarot liegt vor Ihnen. Was immer Ihnen bevorsteht, haben Sie Vertrauen! Liebe, Glück und Fröhlichkeit stehen auf Ihrer Seite.

Die Bedeutungen beim Karrierecheck

Position 1 Glück muss der Mensch haben – und Sie haben es. Alle guten Geister stehen auf Ihre Seite. Was immer Sie vorhaben: es winkt ein Happy End.

Position 2 Glaubt man dem Märchen befindet sich am Ende eines jeden Regenbogens ein Eimer mit Gold. Das Geheimnis ist jedoch, dass nur derjenige fündig wird, der sich ein offenes Herz bewahrt, der bereit ist, seinen Schatz zu teilen: mit seiner Familie, seinen Freunden – mit allen Menschen.

Position 3 Schlagen Sie ein! Unterscheiben Sie! Es gibt keinen glücklicheren Zeitpunkt für eine Abmachung als jetzt. Sie schwimmen im Glück.

Die Bedeutungen beim Liebesorakel

Position 1 Sie haben gefunden, wovon Sie immer träumten. Das Mädchen in Ihnen hat einen Freund, die Schwester einen Bruder und die Frau einen Mann. Genießen Sie Ihr Glück.

Position 2 Diesen Mann können Sie heiraten. Mit ihm können Sie eine Familie gründen. Schließen Sie ihn in Ihre Arme und lassen Sie ihn nicht mehr los.

Position 3 Nichts ist stärker als Ihre Liebe. Nichts kann ihr schaden. Der Himmel, die Erde, die Sonne und der Regenbogen sind Ihre Zeugen.

Position 4 Was ist geschehen? Was haben Sie getan? Warum versteckt sich das Glück und errichtet eine Mauer um sich? Diese Karte an dieser Position verweist oft auf Ängste, die aus früheren Verletzungen herrühren.

Position 5 Das ist eine wundervolle Nachricht: Der Geist des Tarot verheißt Ihnen ein Wunder. Sie werden bald das große Glück finden.

PAGE DER KELCHE

Empfindsamkeit

EPILOG Ich bekomme ein wundervolles Geschenk aus dem Reich des Wassers, dem Reich der Gefühle. Ein anmutiger Bote überreicht es mir. Es ist die Herzensregung eines anderen Menschen. Der Fisch in seinem Kelch ist stumm, denn Gefühle lassen sich nicht ohne weiteres aussprechen. Man muss sie empfinden, von Herz zu Herz wahrnehmen.

BILD Ein gutaussehender junger Mann hält einen goldenen Kelch in der Hand. Seine Geste und seine Haltung zeigen an, dass er ihn jemandem überreichen will. In dem Kelch ist ein Fisch zu sehen, ein Hinweis auf den emotionalen Gehalt der Botschaft. Wenn der Fisch allerdings zu lange ohne Wasser ist, vertrocknet er. So ist es auch mit Gefühlen. Sie müssen wahrgenommen und entgegnet werden. Hinter der Gestalt wogen blaue Wellen, ebenfalls ein Sinnbild für Gefühle. Auch die blaue Weste und die blaue Mütze kennzeichnen den jungen Mann als Boten aus dem Reich der Emotionen. Die Wasserlilien auf seinem Gewand drücken den Reiz und die Schönheit aus, die aus dem Wasser hervorwächst.

DEUTUNG Der Page der Kelche überbringt Botschaften, die immer aus dem Reich der Gefühle kommen und Familiäres oder Persönliches betreffen. Er kennzeichnet die fragende Person selbst oder einen Menschen (Mann oder Frau), der ihm sehr zugetan ist, aber seine Gefühle nur schwer mitteilen kann. Häufig weist er auf einen Menschen hin, mit dem man vielleicht in Liebe verbunden ist, ohne es zu wissen. Das könnte auch ein Arbeitskollege sein. Der Page der Kelche kündet einen Brief von einem lieben Menschen, ein Telefonat oder eine E-Mail an. Er überbringt das Versöhnungsangebot nach einem Streit, eine Einladung zu einer fröhlichen Unternehmung oder eine Liebeserklärung. Außerdem ermuntert er zur Offenheit, damit man die Zuwendung und die Liebe der anderen erkennen und annehmen kann.

Die Bedeutung als Themenkarte

Die Person, für die die Karte aufgedeckt wird, ist gefühlvoll, zärtlich, empfindsam und anhänglich. Sie ist treu und folgt bereitwillig dem Menschen, den Sie liebt und verehrt. Manchmal steht diese Karte auch für ein Kind.

Die Bedeutungen beim Karrierecheck

Position 1 Achten Sie auf Ihre Gefühle. Ihre Intuition ist jetzt wichtiger als alles andere. Möglicherweise sollten Sie im Beruf etwas kürzer treten und sich mehr um Ihr Privatleben kümmern.

Position 2 Ihr Bezug zum Geld ist überaus emotional. Manchmal hängen Sie regelrecht am Geld und verwechseln es mit Liebe. Es kann aber auch sein, dass Ihnen Geld völlig gleichgültig ist und Sie es buchstäblich zum Fenster hinauswerfen.

Position 3 Man kann sicher sein, dass die getroffenen oder zu treffenden Abmachungen gut sind. Man kann sich auf sie verlassen.

Die Bedeutungen beim Liebesorakel

Position 1 Sie sind voller Gefühl. Aber Sie haben auch kein Problem, Ihr Gefühl zu zeigen. Das ist wundervoll, solange Sie damit nicht kokettieren.

Position 2 Ihr Partner empfindet etwas für Sie, kann sich aber nicht richtig ausdrücken. Manchmal steht die Karte auch für eine Liebeserklärung oder sogar einen Heiratsantrag.

Position 3 Sie sind zwei Menschen, die verschiedene Sprachen sprechen und sich dennoch verstehen, und zwar von Herz zu Herz. Wundervoll!

Position 4 Jetzt wäre es schon wichtig, dass Sie aussprechen, was Sie bedrückt. Lassen Sie nicht zu, dass ein Geheimnis entsteht. Ihre Liebe würde darunter leiden.

Position 5 Die Karte in dieser Position hat mehrere Bedeutungen. Sie kann eine neue Beziehung verkünden, etwa »Nachwuchs« oder auch einfach für eine bevorstehende Liebeserklärung stehen.

RITTER DER KELCHE

Treue

EPILOG Ich lebe für meine Liebe. Ich bin der Ritter des Herzens, der nur für die Liebe existiert. Ich bin Lancelot, der seiner Königin sein Leben tausendmal schenkt. Ich bin einfühlsam und zärtlich. Mein Pferd ist warm wie der Wind aus dem Westen. Meine empfindsame Seele nimmt die feinsten Schwingungen auf und schon ein Anflug von Schatten trübt mein Gemüt. Ich lebe nur für mein Herz und erfahre daher auch die Qualen einer schutzlosen Seele.

BILD Das Abbild des Ritters, der einen Kelch wie ein Geschenk vor sich herträgt, erinnert an die Gralssuche oder an einen Minnesänger. Seine Haltung strahlt Ruhe und Gelassenheit aus. Die Flügel auf seinem Helm und an seinen Sporen erinnern an den griechischen Götterboten Hermes, den die Römer Merkur nannten. Das Blau der Rüstung, das blaue Zaumzeug des Pferdes und die roten Fische auf dem Überwurf kennzeichnen den Ritter als Boten der Liebe, ja sogar als personifizierte Liebe. Der Strom, der durch das Bild fließt und die Wüste fruchtbar macht, ist ein weiteres Zeichen dafür, dass es hier um das Reich der Gefühle geht. Denn Wasser versinnbildlicht Gefühle.

DEUTUNG Der Ritter der Kelche ist die stärkste Karte für einen Menschen, der Liebe sucht und geben will. Es kann eine Frau sein oder ein Mann. Wird sie für eine Person aufgedeckt, so kann man davon ausgehen, dass die Person ihre Gefühle offen zeigt und für eine herzliche und erotische Verbindung bereit ist. Der Ritter der Kelche fordert einen selbst aber auch dazu auf, seine Gefühle zu zeigen, selbst wenn es riskant sein mag. Wird er für eine berufliche Situation aufgedeckt, kann man sicher sein, dass außerberufliche, zwischenmenschliche, partnerschaftliche und gefühlshafte Momente eine wesentliche Rolle spielen. So kann die Karte auf eine Liebesbeziehung im Berufsumfeld hinweisen. Grundsätzlich verkörpert der Ritter der Kelche einen Menschen, der harmonisch, liebevoll, friedlich und verträumt ist, der seinen Emotionen nachgeht und die Welt häufig durch eine rosarote Brille betrachtet.

Die Bedeutung als Themenkarte

Die Person, für die die Karte aufgedeckt wird, ist der geborene Liebhaber: weich, gefühlvoll, anhänglich, offen – aber keineswegs »klebrig« oder unselbständig. Außerdem ist er absolut treu und folgt bedingungslos dem Menschen, den sie liebt und verehrt. Der Ritter verkündet eigentlich immer eine Liebesgeschichte. Wird die Karte nicht für eine Person, sondern eine bestimmte Angelegenheit, ein Thema oder ein Ereignis aufgedeckt, so verweist sie auch in diesem Fall auf einen Menschen mit den oben beschriebenen Charakterzügen, der im Rahmen des Themas eine wichtige Rolle spielt.

Die Bedeutungen beim Karrierecheck

Position 1 Der Ritter der Kelche steht selten für rein berufliche Angelegenheiten. Gefühle, Liebe, Sehnsucht etc. stehen im Vordergrund. Wenn Sie die Karte für sich aufgedeckt haben, ist von »verliebten« Gefühlen Ihrerseits auszugehen. Entsprechendes gilt, wenn die Karte für eine andere Person aufgedeckt wurde: Es sind Emotionen im Spiel, die über eine berufliche Beziehung hinausweisen.

Position 2 Sie haben einen äußerst emotionalen und spontanen Bezug zu Geld und materiellen Dingen.

Position 3 Auf den Ritter der Kelche kann man sich bedingungslos verlassen, entsprechend zuverlässig sind im Lichte der Karte alle Abmachungen.

Die Bedeutungen beim Liebesorakel

Position 1 In Ihnen tobt ein wildes Pferd, das losziehen und seinen Gefühlen freien Lauf lassen möchten. Machen Sie aus Ihrem Herzen keine Mördergrube, gestehen Sie sich ein, wie sehr Sie verliebt sind.

Position 2 Es ist wie im Märchen. Stellen Sie sich Ihren Partner wie einen Ritter vor, der jetzt zu Ihnen kommt und seine Liebe offenbart.

Position 3 Seien Sie auf der Hut, Ihre Beziehung durchläuft eine kritische Phase. Es gibt einen Nebenbuhler oder eine Rivalin. Mehr sagt diese Karte nicht.

Position 4 Ihre Liebe steht am Abgrund. Sie ist ernsthaft gefährdet durch eine dritte Person.

Position 5 Jetzt müssen Sie Ihr Herz zeigen, Ihre Gefühle aussprechen und für Ihre Liebe kämpfen.

KÖNIGIN DER KELCHE

Wärme

EPILOG Ich bin die Königin des Wassers, der Nymphen und aller anderen Geschöpfe der tiefen See. Ich bin still wie das Meer, aber auch so ungestüm. Wenn ich verletzt werde, brechen die Gefühle wie eine Sturmflut aus mir heraus. Mein Planet ist der Mond. Ich fühle mich mit seinem Lauf verbunden. Ich öffne mich mit dem zunehmenden Mond, lebe meine Leidenschaften mit dem Vollmond und ziehe mich mit dem abnehmenden Mond wieder zurück.

BILD Wie versunken sitzt die Königin der Kelche auf ihrem Thron. Sie ist die fraulichste unter den Königinnen. Als Einzige der Kelch-Karten hält sie einen besonders schönen Kelch in der Hand, der als ein Zeichen ihres Gefühlsreichtums zu verstehen ist. Ihr Thron steht im Wasser, dem Sinnbild für Gefühle. Auch in ihrem Kleid setzt sich das Muster des Wassers als Ausdruck für Emotionalität und Empfindsamkeit fort. Der Anklang von roter Farbe in ihrem Thron und ihrer Kleidung dokumentiert Ruhe, Erhabenheit und Lebenskraft. Ihr Herrschersessel ist von Kinderfiguren umrahmt – damit wird ausgedrückt, dass die Königin der Kelche Schutz gewährt.

DEUTUNG Die Liebe spielt eine große Rolle für die Königin der Kelche und damit auch für die Person, für die sie aufgedeckt wird. Sie verwendet viel Zeit und Anstrengung auf die Bedürfnisse der Menschen, die ihr am Herzen liegen. Sie ist emotional und handelt intuitiv. Sie lebt ihre weibliche Seite, sucht Schutz und Nähe und gibt dafür Wärme, Geborgenheit und Liebe. Aber ihre Empfindsamkeit macht sie verletzlich und sehr scheu. Oft ist ihr Handeln darauf ausgerichtet, anderen zum Glück zu verhelfen. Ihre eigenen Träume hingegen verschließt sie in ihrem Inneren. So kann die Königin der Kelche dazu auffordern, in das Innerstes des Selbst hinabzusteigen, sich mit seinen Wünschen, Ahnungen und auch Ängsten zu beschäftigen. Häufig offenbart sie die Tiefe der Sehnsüchte und ein großes Anlehnungsbedürfnis. Einen Mann verweist sie auf eine ihm zugeneigte, liebende Frau und eine Frau auf ihre Gefühle zu einem Mann.

Die Bedeutung als Themenkarte

Die Person, für die die Karte aufgedeckt wird, ist gefühlvoll, zärtlich, empfindsam, anhänglich und mütterlich. Sie ist überaus treu und opfert sich gerne für diejenigen auf, die sie liebt und verehrt. Wird die Karte nicht für eine Person, sondern für eine bestimmte Angelegenheit, ein Thema oder ein Ereignis aufgedeckt, so verweist sie auch dann auf einen Menschen mit den oben beschriebenen Charakterzügen, der im Rahmen des Themas eine wichtige Rolle spielt.

Die Bedeutungen beim Karrierecheck

Position 1 Sie sind eine gefühlvolle, intuitive Managerin. Ihr Führungsstil ist nondirektiv, weiblich, mütterlich. Sie erreichen Ihr Ziel durch Nähe zu den Mitarbeitern. Sie motivieren sie durch Zuneigung und Liebe. Ihre größten Stärken liegen in künstlerischen, ästhetischen und helfenden Bereichen.

Position 2 Sie haben einen sehr emotionalen Bezug zu Geld und allen materiellen Angelegenheiten.

Position 3 Abmachungen im Lichte der Königin der Kelche sind mit dem Herzen geschrieben und daher auch ohne jeden schriftlichen Vertrag verbindlich.

Die Bedeutungen beim Liebesorakel

Position 1 Sie sind eine Rose, deren Duft alle betört. Sie sind eine Lilie, deren Anblick glücklich macht. Wunderbar! Vertrauen Sie der Magie Ihrer Liebe.

Position 2 Sie haben einen Schatz gefunden. Das ist der Mann, auf den Sie schon immer gewartet haben – und der schon immer auf Sie wartet.

Position 3 Wenn sich zwei Menschen in Unschuld lieben, lacht die Sonne, der Mond gibt seinen Segen und die Erde tanzt Samba. Sie sind die Kinder des Glücks.

Position 4 »The Honeymoon is over«, und kein Weg führt zurück. Ist Ihre Liebe so stark, dass sie auch den Alltag übersteht? Darauf kommt es jetzt an. Wird die Karte aufgedeckt, muss man auch immer daran denken, dass es eine Nebenbuhlerin, eine Geliebte des Mannes, geben könnte.

Position 5 Neues Spiel, neue Liebe..! Die Götter sind großzügig und nehmen sich Ihrer an. Sie bekommen noch eine Chance.

KÖNIG DER KELCHE

Fürsorge

EPILOG Ich bin der König der Elfen und aller anderen zarten und empfindsamen Geschöpfe. Mein Element ist das Wasser. Über meinem Haupt stehen Venus und Mond. Ich bin einfühlsam, intuitv und herzlich. Die Menschen in meiner Nähe fühlen sich wohl. Ich lebe meine weibliche Seite. Ich bin offen und deshalb auch sehr verletzbar, so dass ich mich manchmal schützen muss und daher meine Gefühle in der Tiefe meiner Seele verberge.

BILD In würdevoller Haltung, völlig in sich versunken, ruht der König der Kelche auf seinem steinernen Thron, der ruhig in den Wellen der Gefühle steht. Als Amulett trägt er einen Fisch, Symbol für die enge Verwandtschaft zwischen Fisch, Wasser und Gefühlen. Im Bildhintergrund ragt von links nur der Kopf eines Wassertieres in die Szenerie, sein Körper bleibt in den Tiefen der See verborgen. Auf der rechten Bildseite ist im Hintergrund ein rotes Segelschiff zu erkennen, das trotz des hohen Seegangs scheinbar unbewegt auf dem Wasser liegt. Die Kleidung des Herrschers ist wahrlich königlich. Auch sein blaues Gewand repräsentiert Gefühl. Der gelbe Mantel symbolisiert Licht, Erleuchtung und Klarheit und die rote Farbe in seiner Kleidung ist Sinnbild für Erhabenheit und Lebenskraft.

DEUTUNG Der König der Kelche besitzt eine große emotionale Kraft. Sein Verantwortungsbewusstsein, seine Fürsorge, seine Aufrichtigkeit und sein Mitgefühl sind wie ein Schatz, der aus der Tiefe seines Elements des Meeres geborgen wurde. Er interessiert sich für Kunst, Philosophie, Psychologie und Wissenschaft. Das Element Wasser macht ihn zum Heiler und Therapeuten unter den Königen. Er tritt beruflich häufig in der Position des Beraters auf. In der Liebe verkörpert er den Ehemann oder den (heimlichen) Geliebten einer Frau.

Die Bedeutung als Themenkarte

Die Person, für die die Karte aufgedeckt wird, ist gefühlvoll, zärtlich, empfindsam, anhänglich, fürsorglich und väterlich. Sie ist überaus treu, hilfsbereit und besitzt ein riesengroßes Herz. Wird die Karte nicht für eine Person, sondern eine bestimmte Angelegenheit, ein Thema oder ein Ereignis aufgedeckt, so verweist sie auch in diesem Fall auf einen Menschen mit den beschriebenen Charakterzügen, der im Rahmen des erfragten Themas eine wichtige Rolle spielt.

Die Bedeutungen beim Karrierecheck

Position 1 Sie sind die Vorgesetzte, die sich alle wünschen: gefühlvoll, väterlich, zugeneigt und dennoch respektiert. Ihr Metier ist die Kunst und alle Bereiche, die mit Geschmack und Ästhetik zu tun haben. Des Weiteren sind Sie ein »König« in heilenden und helfenden Berufen.

Position 2 Sie haben einen sehr emotionalen, großzügigen, manchmal auch verschwenderischen Umgang mit Geld.

Position 3 Im Lichte der Karte König der Kelche geschlossene Abmachungen und Verträge sind hundertprozentig zuverlässig.

Die Bedeutungen beim Liebesorakel

Position 1 Alles dreht sich bei Ihnen um die Liebe und um diesen Mann. Er geht Ihnen nicht mehr aus dem Kopf. Und das Tarot bestätigt, dass Sie Recht haben. Dieser Mann ist es wert.

Position 2 Wenn Ihr Partner die Karte des Königs der Kelche zugewiesen bekommt, dann ist auch er ein König. Ganz egal, wie Sie ihn gerade erleben. Manchmal blickt das Tarot tiefer.

Position 3 Es gibt einen anderen Mann. Es muss kein direkter Rivale zu Ihrem jetzigen Partner sein. Vielleicht ist es ein Verflossener, der Ihnen (noch) nicht aus dem Kopf geht. Es könnte sogar Ihr Vater sein.

Position 4 Es gibt einen Mann, den Sie in Ihrem Herzen tragen und den Sie mehr lieben, als den Mann, mit dem Sie jetzt liiert sind.

Position 5 Die Karte läßt zwei Interpretationsmöglichkeiten zu: a) Sie finden wieder Zugang zum Herzen Ihres Partners, weil Sie ihn bedingungslos lieben. b) Sie lieben bald einen anderen Mann und Ihre jetzige Beziehung ist zu Ende.

ASS DER SCHWERTER

Entscheidung

EPILOG Ich erhalte ein Schwert und damit die Fähigkeit zur Erkenntnis. Jetzt steht mir die Welt der Gedanken, der Reflexion, des Urteilens und des Verurteilens offen, aber genauso die Welt der Zweifel und der Verzweiflung. Das Schwert ist zweischneidig – genau wie das Denken. Kraft der Gedanken ist höchste Einsicht, Vernunft und Weisheit möglich. Aber genauso können Gedanken verletzen, ja sogar töten.

BILD Aus einer grauen Wolke reicht eine Hand ein Schwert. Das ist das Symbol für Geist, für Wissen und Intellekt. Es läßt aber auch Assoziationen wie »ein scharfer Verstand« zu. Über dem Schwert schwebt die Krone der Erkenntnis. Die beiden immergrünen Pflanzen, die es umranken, ein Zweig und eine Alge, sind ein Hinweis auf die ewige Kraft des Geistes. Die Krone versinnbildlicht aber auch die persönliche Krönung, die man erleben kann, wenn einem etwas bewusst wird, wenn einem ein Licht aufgeht. Die sechs gelben Flämmchen, die das Schwert umspielen, erinnern an Irrlichter oder an die Feuerzungen aus der Pfingstgeschichte, mit denen der Heilige Geist auf die Erde kam und die Jünger Jesu erleuchtete. Die Landschaft unten im Bild wirkt kalt, karg und leer.

DEUTUNG So wie ein Schwert zwei Seiten besitzt, so steht das Ass der Schwerter für den Verstand, der trennt, analysiert, unterscheidet und entscheidet. Es symbolisiert aber auch das Reich des Wissens und der Weisheit und es steht für Erlösung aus der Verirrung und für Klärung in schwierigen Lebensfragen und -situationen, sowohl im Beruf wie im Privatleben. Das Ass der Schwerter weist darauf hin, dass Entscheidungen getroffen werden müssen, die einem niemand abnehmen kann, die man alleine treffen muss und für die man auch keinen anderen Menschen verantwortlich machen kann. In Liebesbeziehungen kündet die Karte ein klärendes Gespräch an, die Lösung lang schwelender Konflikte, aber auch eine Desillusionierung, die bis zur Trennung gehen kann.

Die Bedeutung als Themenkarte

Sie müssen jetzt eine Entscheidung treffen! Das Hin und Her hat ein Ende. Was Sie jetzt brauchen, ist ein klarer Kopf. Lassen Sie sich nicht davon verwirren, was andere sagen. *Sie* müssen die Entscheidung treffen und zwar nach bestem Wissen und Gewissen.

Die Bedeutungen beim Karrierecheck

Position 1 Setzen Sie Ihre grauen Gehirnzellen ein. Wenn Sie etwas nicht verstehen, dann verschaffen Sie sich die nötigen Informationen. Wenn Sie über andere entscheiden, ist es wichtig, dass Sie klar und neutral urteilen.

Position 2 Wenn Sie sich für mehr Geld entscheiden, müssen Sie wissen, dass Sie sich damit auch für all das entscheiden, was mit Geld unlösbar verbunden ist: einerseits Glanz, Ansehen und Wohlstand – andererseits aber auch Neid, Gier und Angst vor Verlust.

Position 3 Das Schwert kündet ein günstiges Klima für alle Entscheidungen und Verträge an. Vergessen Sie nicht, dass jeder Vertragsabschluss zwei Seiten hat. Sie gewinnen Sicherheit, und Sie verlieren Ihre Freiheit. Sie bekommen Macht oder Geld, und Sie werden in die Pflicht genommen.

Die Bedeutungen beim Liebesorakel

Position 1 Die Würfel sind gefallen. Ob Ihnen das wirklich bewußt ist, ist sekundär. In Ihrem Inneren haben Sie sich entschieden und das Tarot sagt: Diese Entscheidung ist richtig!

Position 2 Ihr Partner hat sich für diese Liebe und damit auch für Sie entschieden. Selbst, wenn er etwas anderes vorgäbe, das Tarot blickt tiefer und erkennt seine wirklichen Gefühle.

Position 3 Wenn diese Karte zwischen Ihnen steht, so ist Ihre Partnerschaft fest.

Position 4 Sie ringen um eine Entscheidung. Dadurch geht viel Kraft verloren. Im Moment sind Sie weder frei und unabhängig, noch stecken Sie wirklich in einer Beziehung. Das ist ein unangenehmes Zwischenstadium.

Position 5 Sie müssen sich entscheiden. Es kann so nicht weitergehen. Sie müssen jetzt Farbe bekennen. Entweder für oder gegen diese Liebe. Alles andere ist unerträglich.

ZWEI DER SCHWERTER

Zweifel

EPILOG Ich werde von Zweifeln gepeinigt. Meine Gedanken drehen sich im Kreis, und ich kann nicht mehr klar denken. Dieser Zustand ist quälend und deprimierend. Ich verliere mich selbst dabei, und ich verliere den Kontakt zu meinen Mitmenschen. Ich sollte die Augen öffnen, Verantwortung übernehmen und wieder Herr über meine Gedanken sein.

BILD Eine Frau sitzt mit verbundenen Augen am Meer. Sie wirkt ruhig und abwartend, doch die zwei gekreuzten Schwerter in ihren Händen signalisieren Gefahr. Die Karte verweist auf die Doppelbödigkeit unseres Intellekts: Auf der einen Seite demonstriert die Gestalt, dass sie ohnmächtig ist, dass sie nichts sieht und sich daher nicht entscheiden kann. Auf der anderen Seite trägt sie zwei scharfe Waffen (ihr geistiges Potential) und verrät durch die verbundenen Augen, dass sie wahllos um sich schlagen kann. Dem Meer, dem Sinnbild für Emotionen und somit ihren eigenen Gefühlen, kehrt sie den Rücken zu. Ihre Augenbinde zeigt, dass sie im Moment davon Abstand nimmt, der Wahrheit ins Gesicht zu sehen. Doch mit verbundenen Augen schauen, schärft auch die Wahrnehmung, so, wie sich bei blinden Menschen die anderen Sinne schärfen. Es besteht also Hoffnung, dass sich alles noch zum Guten wendet. Darauf weist auch der weiße Fleck auf der Stirn der Gestalt hin. Es ist eine Andeutung des dritten Auges.

DEUTUNG Die Zwei der Schwerter beinhaltet ganz generell eine schwierige Entscheidungssituation. Sie drückt eine Phase der Verwirrung, aber auch einer unbewussten und manchmal sogar einer absichtlichen Irreführung aus. Sie steht oft für scheinbar ausweglose Situationen, in denen man solange gefangen bleibt, bis man sich seiner Furcht stellt und dadurch wieder handlungsfähig wird. Die Karte taucht zum Beispiel auf, wenn sich ein Kind zwischen Vater und Mutter entscheiden soll oder wenn man an einer Beziehung zweifelt und nicht weiß, ob man sich für oder gegen den Partner entscheiden soll. Gerade für Beziehungen ist die Zwei der Schwerter eine schwierige Karte, denn Zweifel zerstören das Vertrauen, die Verbundenheit und letztendlich auch die Liebe zwischen zwei Menschen.

Die Bedeutung als Themenkarte

Die Karte ist nicht einfach und nicht eindeutig zu interpretieren. Einerseits fordert sie dazu auf, die Augenbinde abzulegen, Verantwortung zu übernehmen und sich zu entscheiden. Andererseits ist die Karte ein Hinweis auf einen quälenden Entscheidungsprozess, den man durchläuft, bevor man sich endgültig entscheiden kann.

Die Bedeutungen beim Karrierecheck

Position 1 Unheil steht über Ihrem Tun. Eine verfahrene Situation erzwingt Ihr Innehalten. Sie brauchen Mut und Vertrauen, um die Augen zu öffnen, damit Sie klar sehen und entscheiden können. Oder ist es nur eine Hinhaltetaktik, die Sie veranlasst, sich nicht zu entscheiden? So oder so, letztlich schaden Sie sich nur selbst, denn Sie verzichten auf die Kraft Ihres Geistes. Sie übernehmen keine Verantwortung, und Sie überlassen die Entscheidung anderen.

Position 2 Geld regiert die Welt – und Geld ruiniert sie auch. Das ist das Gesetz. Also spielen Sie nicht den Engel, der damit nichts zu tun haben will.

Position 3 Sie zögern. Ihre Situation ist unklar. Sie stellen sich blind, um nicht falsch zu urteilen. Aber vergessen Sie nicht: Solange Sie mit verbundenen Augen vor der falschen Entscheidung davonlaufen, treffen Sie auch keine richtige Entscheidung.

Die Bedeutungen beim Liebesorakel

Position 1 Sie können sich nicht entscheiden? Deshalb, weil Sie zwischen zwei Männern stehen? Oder sind Sie sich grundsätzlich Ihrer Liebe nicht sicher?

Position 2 Ihr Partner ist hilflos. Er entzieht sich und lässt Sie damit in einer schwierigen Situation, denn jetzt müssen Sie die Entscheidung treffen.

Position 3 Diese Karte zwischen Ihnen verweist darauf, dass Sie sich Ihrer Liebe nicht sicher sind und kein Vertrauen entwickeln können.

Position 4 Das ist eine ungünstige Karte für jede Beziehung. Sie deutet an, dass sich niemand, weder Sie noch Ihr Partner, richtig entscheiden kann, und zwar weder für noch gegen die Beziehung.

Position 5 Eine schwierige, ungute Phase kommt auf Sie zu. Achten Sie darauf, die Kraft klarer Gedanken nicht zu verlieren.

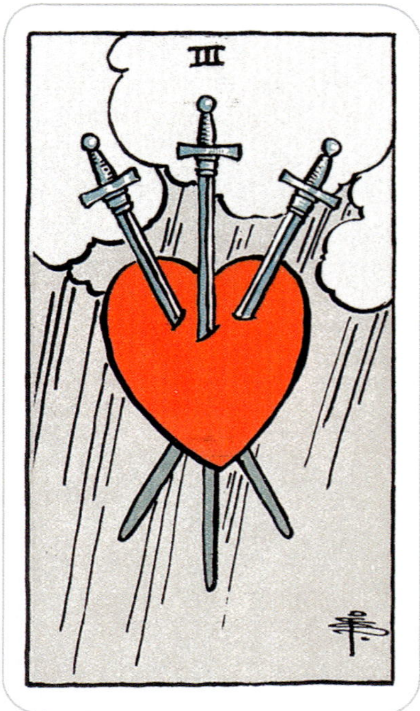

DREI DER SCHWERTER

Kummer

EPILOG Mein Herz ist dreifach durchbohrt. Es sind die Schwerter Schmerz, Kummer und Leid. Ich bin getroffen und beginne eine Reise durch einen inneren Tod, zweifle an mir und verliere jede Achtung vor mir selbst. Es ist, als sollte ich vernichtet werden. Oder kämpfe ich womöglich selbst gegen mich?

BILD Ein rotes Herz wird von drei Schwertern durchbohrt. Rot ist die Farbe der Liebe, des Gemütes und symbolisiert darüberhinaus Wille, Trieb, Lebenskraft und Lebensfreude. Die Ziffer Drei steht für Festigkeit und Stabilität. Die Karte Drei der Schwerter zeigt daher den Zustand tiefer und absoluter Verurteilung. Es ist keine physische Gewalt, die da verletzt und schmerzt, denn es fließt kein Blut. Vielmehr handelt es sich um eine Verletzung kraft Gedanken. Die Wolken und der Regen am Bildhintergrund sind grau gemalt, um die düstere und grausame Stimmung noch zu verstärken.

DEUTUNG Die Drei der Schwerter ist eine der erschreckendsten und dramatischsten Tarotkarten. Die Karte verkündet immer seelische Krisen. Oft verweist sie auf solche Wunden, die durch die Trennung von einem geliebten Menschen verursacht wurden. Der Verstand verarbeitet einen Trennungsschmerz in aller Regel durch eine zerstörerische Selbstanklage und Verurteilung. Weil man verlassen wurde, ist man »nicht liebesfähig«, »unwürdig« und »nicht wert zu leben«. Man vergisst dabei, dass man es selbst ist, der diese Sätze und Worte ausspricht. Taucht die Karte auf, ist es an der Zeit, den Schmerz aufzuarbeiten und dabei sich der Eigendynamik bewusst zu werden, die die Selbstverurteilung mit sich bringt. In aller Regel braucht es dafür einen Außenstehenden, einen Freund oder Berater, denn man verliert sich selbst zu leicht im Prozess der Selbstverurteilung. Die Karte verweist nicht immer auf Verletzungen aus der aktuellen Beziehung. Manchmal deckt sie auf, dass eine frühere Trennung immer noch nicht »geheilt« ist, dass also noch immer eine »Rechnung offen steht«. Die Karte steht auch für Liebeskummer und Eifersucht. Im beruflichen und geschäftlichen Bereich weist sie auf Niederlagen hin.

Die Bedeutung als Themenkarte

Eine schwierige Situation steht an. Entweder taucht etwas aus der Vergangenheit auf, das Ihnen Schmerzen bereitet, oder Sie erleben erneut eine Demütigung oder Verletzung.

Die Bedeutungen beim Karrierecheck

Position 1 Sie durchleben eine Krise, aber Sie sollten sich selbst nicht verurteilen! Oft ist eine Niederlage die Folge einer früheren Schuld oder eines früheren Versagens. Aber das bedeutet nicht, dass etwas wirklich vertan oder verloren ist. Sie erhalten eine neue Chance, können alles noch mal überdenken und entsprechend Ihrer jetzigen Einsichten und Möglichkeiten handeln.

Position 2 Sie haben sich verkalkuliert und müssen eine finanzielle Niederlage verkraften.

Position 3 Die Karte verkündet einen ungünstigen Ausgang. Warten Sie mit Ihrer Unterschrift besser noch.

Die Bedeutungen beim Liebesorakel

Position 1 Die Karte spricht für sich. Sie sind verletzt. Es ist allerdings offen, ob sich die Karte auf Ihre jetzige Partnerschaft bezieht oder auf eine vergangene Wunde, die jetzt wieder aufbricht.

Position 2 Ihr Partner ist verletzt. Seine Wunden können aus Ihrer Beziehung oder aus einer früheren stammen.

Position 3 Ihre Beziehung ist zu Ende. Das dreifach durchbohrte Herz spricht eine eindeutige Sprache. Möglicherweise steht die Karte aber auch für den Schmerz aus einer alten Beziehung, der Ihnen immer noch nachhängt.

Position 4 Die Vergangenheit ist in die Gegenwart gekommen. Alte Verletzungen machen Ihnen und Ihrem Partner Angst. Sie können sich nicht richtig öffnen, finden kein Vertrauen.

Position 5 Eine dramatische Situation kündigt sich an. Das einzig Gute daran ist, dass etwas zu Ende geht, was schon lange überfällig war.

VIER DER SCHWERTER

Ohnmacht

EPILOG Ich bin zutiefst verletzt und so verzweifelt, dass ich mich in mich selbst zurückziehe, in meine innere Einsamkeit. Ich fühle mich ohnmächtig, erlebe einen inneren Tod und suche ein neues Verhältnis zum Leben. Es ist ein Prozess der Läuterung. Durch das Leid, durch das ich gehe, opfere ich ein Stück meiner kindlichen, unbeschwerte Lebensart. Dafür gelange ich zu tiefen Einsichten und werde lebenserfahren und weise.

BILD Ein Ritter liegt aufgebahrt auf einem Sarkophag in einer Kirche. Es ist nicht erkennbar, ob er nur schläft oder tot ist. Drei Schwerter hängen sichtbar über ihm, sie verkörpern eine bekannte Macht. Das vierte Schwert befindet sich unter dem Ritter und ist Ausdruck einer unbekannten Macht. Eine Seite einer Angelegenheit liegt also im Verborgenen, und es ist die Aufgabe und die Verheißung dieser Karte, sie zu erkennen. Der Ritter, der Sarkophag und das vierte Schwert sind in der Farbe Gelb gehalten, die Klarheit und Erleuchtung bedeutet. Das bunte Kirchenfenster, das als Mosaik dargestellt ist, versinnbildlicht die verschiedenen Erfahrungen, Erkenntnisse und Eindrücke, die es zu verarbeiten gilt. Auf dem Heiligenschein der größeren Fensterfigur sind die Buchstaben P-A-X, Frieden, zu lesen.

DEUTUNG Die Vier der Schwerter steht für eine Phase dunkler Gedanken. Die Kraft des Geistes ist erschöpft und verliert sich im Schattenreich. Die Schwerter sind stumpf geworden und verletzen nur noch das eigene Ich. Die Karte drückt eine Phase des Stillstands aus, die auch durch eine Krankheit hervorgerufen werden kann, auf die sie verweist. Sehr häufig ist sie eine Reaktion des Ichs auf die Trennung von einem Partner. Oder sie drückt aus, dass man sich in einer Beziehung vereinsamt und ungeliebt fühlt. Manchmal ist sie auch ein Hinweis auf eine unbewusste Schuldübernahme beziehungsweise auf starke Schuldgefühle.

Die Bedeutung als Themenkarte

Etwas Erniedrigendes, Unwürdiges erwartet Sie. Ist das Ihr Schicksal? Tragen Sie womöglich selbst Schuld daran? Oder spielen Sie nur das Opfer? Sind Sie ein Mensch, der schnell Schuldgefühle bekommt? Diese Karte fordert Sie auf, sich mit sich selbst zu beschäftigen, unbequeme Fragen zu stellen und auch zu beantworten.

Die Bedeutungen beim Karrierecheck

Position 1 Sie haben sich in Ihrem eigenen Gefängnis verloren. Irgendeine Instanz Ihres Seins hat Sie verurteilt. Ihr Gewissen lässt Sie leiden. Vielleicht waren Sie zu ungestüm. Vielleicht haben Sie einen Fehler gemacht. Vielleicht sind Sie im Konkurrenzkampf unterlegen. Jedenfalls werden Sie dafür bestraft – und Sie selbst sind der Richter.

Position 2 Wenn Sie Geld und materiellem Wohlstand so viel Kraft über Ihr Leben einräumen, ist es kein Wunder, dass Sie bei einem Verlust in eine Depression fallen.

Position 3 Sie sind kleinmütig und trauen sich selbst zu wenig zu. Sie haben Ihre Kraft verloren. Ungünstig ist es, unter solchen Umständen Verträge abschließen und Abmachungen eingehen zu wollen. Die Karte ist eine Warnung.

Die Bedeutungen beim Liebesorakel

Position 1 Was ist passiert? Liegt der Grund dafür, dass Sie dermaßen verletzt sind, in Ihrer derzeitigen Beziehung? Oder sind es uralte Wunden, die jetzt wieder aufbrechen? In jedem Fall ist Ihre Partnerschaft gefährdet. Sie brauchen Hilfe.

Position 2 Ihr Partner ist verletzt. Er ist voller Schmerz, vielleicht auch voller Schuld. Hat er sich etwas zuschulden kommen lassen? Auf jeden Fall braucht er jetzt Zeit, um wieder zu sich zu finden.

Position 3 Etwas Schweres, Dunkles lastet auf Ihrer Liebe. Wahrscheinlich ist es die Vergangenheit, eine frühere Erfahrung, die jetzt wieder hochkommt und Ihre Liebe belastet. Sie brauchen jetzt Zeit!

Position 4 Im Grunde signalisiert diese Karte an dieser Position das Ende Ihrer Beziehung. Einzig und allein ein tiefergehendes und offenes Gespräch kann Ihre Liebe jetzt noch retten.

Position 5 Diese Karte ist eine Warnung. In Ihrer Beziehung geschehen Dinge, die verletzen. Es geht um Schuld und Unschuld. Suchen Sie das Gespräch – oder Ihre Liebe geht zu Ende.

FÜNF DER SCHWERTER

Kampf

EPILOG Ich suche den Kampf, und ich gewinne die Auseinandersetzung. Aber es ist ein Pyrrhussieg. Ich werde den Triumph nicht lange genießen können. Bin ich der Täter? Oder bin ich das Opfer? Alles, was ich anderen antue, tue ich mir auch selbst an. Wenn ich zerstöre, ruiniere ich auch mein eigenes Leben. Wenn ich über jemanden schlecht rede, spreche ich auch über mich. Wenn ich richte, verurteile ich mich auch selbst.

BILD Die Fünf der Schwerter zeigt eine Szene nach einem Kampf. Ein Krieger scheint den Kampf gewonnen zu haben. Er ist dominant im Vordergrund abgebildet und trägt die Waffen der Besiegten. Aber der Himmel mit den grauen zackigen, aggressiven Wolkenfetzen verkündet keinen Sieg, sondern einen endlosen Kampf. Dass sich diese Auseinandersetzung fortsetzen wird, ist auch durch die zwei Schwerter in der linken Hand ausgedrückt. Denn die Zahl Zwei verweist immer auf Zweifel. Der Gesichtsausdruck der Gestalt im Vordergrund kann als Siegeslächeln oder als hämisches Grinsen über einen mit Niedertracht errungenen Triumph gelten. Im Hintergrund ist das Meer als Symbol für Gefühle zu sehen. Die Wellen kräuseln sich – steht ein Sturm bevor?

DEUTUNG Die Fünf der Schwerter drückt die Gier des menschlichen Verstandes aus. Sie steht für den Willen zur Eroberung. Sie verkörpert das Verlangen nach Reichtum, Ruhm und Macht. Wer dabei aber das Maß verliert und seine ihm innewohnenden Möglichkeiten überreizt, ruft die Mächte der Existenz und wird in einen Kampf verwickelt, den er nie gewinnen kann, sondern der immer im Leid endet, wie alle Kriege zu allen Zeiten. So spiegelt die Fünf der Schwerter immer eine Situation erbitterten Ringens wider. Das kann eine Auseinandersetzung im Familien- oder im Freundeskreis sein, mit Kollegen und Vorgesetzten oder mit dem Partner. Sie offenbart Niedertracht, Gemeinheit und Demütigung, doch sie zeigt nicht, ob man selbst Täter oder Opfer ist.

Die Bedeutung als Themenkarte

Es sieht ganz danach aus, dass Sie einen Sieg erringen und der Stärkere sind. Aber die Karte deutet auch an, dass es ein zweifelhafter Sieg ist. Alle Zeichen sprechen dafür, dass sich Ihr angeblicher Sieg zu einer Niederlage umkehrt. Etwas ist falsch in Ihren Überlegungen. Ob Sie zu egoistisch, zu selbstbezogen sind?

Die Bedeutungen beim Karrierecheck

Position 1 Sie wollten zuviel, und Sie kämpfen jetzt einen Kampf gegen Ihre eigenen Grenzen. Sie haben Ihre Mitte verloren.

Position 2 Die Karte spiegelt Ihre Gedanken. Ihr Kopf führt einen Kampf gegen das Dasein – und somit auch gegen andere Menschen, Kollegen, Konkurrenten, gegen die ganze Geschäftswelt. Worum es geht? Darum, dass Sie nicht zufrieden sind mit dem, was Sie haben. Sind Sie gierig geworden?

Position 3 Unterlassen Sie auch den leisesten Versuch, andere übervorteilen zu wollen. Seien Sie aber auch umgekehrt auf der Hut, selbst nicht übervorteilt zu werden. Wenn Sie unsicher sind, besprechen Sie Ihre Abmachung mit einer neutralen Person.

Die Bedeutungen beim Liebesorakel

Position 1 Die Karte spiegelt einen Kampf zwischen Ihnen und Ihrem Partner, den letztendlich niemand wirklich gewinnen kann. Selbst ein Sieg wäre eine Niederlage.

Position 2 Ihr Partner triumphiert über Sie. Aber zugleich offenbart die Fünf der Schwerter, dass sein Triumph nicht von Dauer sein wird. Es ist nur eine Frage der Zeit, bis der Gewinner zum Verlierer wird.

Position 3 Die Karte verweist auf einen unter Umständen unterschwelligen Kampf zwischen Ihnen und Ihrem Partner. Sie sagt auch, dass dieser Kampf unsinnig ist, weil ihn letztendlich niemand gewinnen kann.

Position 4 Ihre Beziehung besteht nicht nur aus Liebe, sondern auch aus Kampf, Konkurrenz und Rivalität. Sie missbrauchen Ihre Liebe. Denn Sie sind an einem Miteinander nur in der Weise interessiert, wie es auch ein Gegeneinander ermöglicht.

Position 5 Sie steuern auf eine Situation zu, die Ihrer Beziehung schadet. Es geht um Sieg und Niederlage, darum, wer Recht hat und wer Unrecht, Macht und Ohnmacht. Doch jeder Kampf verhindert die Liebe nur.

SECHS DER SCHWERTER

Scheinfrieden

EPILOG Ich verheimliche einen Konflikt. Ich schau einfach nicht mehr hin, verschließe meine Augen davor, denn ich will endlich Frieden. Ich bin des ewigen Streitens leid. Ich suche nach einem Ausweg, nach einem neuen Anfang. Ob mir das gelingt, ist eine andere Sache. Denn das, was ich totschweige, ist doch immer noch da. Und so ist der Frieden trügerisch. Auch wenn ich aufbreche zu neuen Ufern, nehme ich das Alte mit.

BILD Ein Boot treibt, von einem Fährmann gesteuert auf dem offenen Wasser. Das Boot ist ein Sinnbild für den menschlichen Geist, das Wasser symbolisiert das Unterbewusstsein. Dargestellt ist eine Reise über ein großes Gewässer, mit neuen Hoffnungen und alten Ängsten, dafür stehen die sechs Schwerter, die im Boot stecken. Ob die Fahrt erfolgreich sein wird, hängt davon ab, ob die Schwerter uns auf dem Weg zur Erkenntnis eine Hilfe sein können. Die beiden verhüllten Gestalten, ein Erwachsener und ein Kind, verströmen Trauer und Schmerz. Die Zahl Sechs ist eine stabile Zahl, sie ist eine schicksalhafte Folge der Zahl Fünf. Der dort errungene Sieg führt zu einer Phase der Beruhigung. Für eine Zeit lang soll Frieden herrschen.

DEUTUNG Die Sechs der Schwerter spiegelt häufig ein Übergangsstadium in einer zwischenmenschlichen Auseinandersetzung wider, die sowohl das Berufsleben, als auch den privaten Bereich betreffen kann. Sie spiegelt den Versuch, einen Beziehungskrieg zu beenden. Da die Sechs der Schwerter auch als Aufbruchkarte gilt, kann sie unter anderem folgenschwere innere und äußere Veränderungen vorhersagen, wobei es sich sowohl um eine Loslösung aus einer Partnerschaft als auch um einen Abschied vom Singleleben handeln kann. Doch der Anfang ist nicht unbelastet, denn der neue Lebensabschnitt, für den die Karte steht, trägt das Alte in sich.

Die Bedeutung als Themenkarte

Bestenfalls kommt ein Waffenstillstand auf Sie zu, indem Sie verschiedene Positionen klären können, um dann endgültig Frieden zu schließen. Viel wahrscheinlicher allerdings ist, dass es sich um die Ruhe vor dem Sturm handelt, also um einen trickreichen Frieden, der nur dazu dient, Positionen zu stärken.

Die Bedeutungen beim Karrierecheck

Position 1 Sie müssen sich zurückziehen, klein beigeben, ein Friedensangebot machen. Den Kampf weiterzuführen, bringt Unheil. Aber auch der Friede ist noch lange nicht sicher. In Ihrem Inneren triumphiert weiter Ihr Wunsch, über den anderen zu thronen.

Position 2 Ein taktischer Rückzug ist das Mindeste, was von Ihnen verlangt wird. Auf längere Sicht ist es jedoch wichtig, Ihre (unbewusste) Abhängigkeit vom Geld aufzuarbeiten.

Position 3 Unheil! Selbst die kleinste Hoffnung wird sich bald als Trugschluss erweisen. Lassen Sie die Finger von jeder Unterschrift und versprechen Sie nichts. Vor allem, seien Sie vorsichtig gegenüber irgendwelchen angeblich »vielversprechenden und einmaligen« Angeboten.

Die Bedeutungen beim Liebesorakel

Position 1 Sind Sie wirklich für einen Frieden bereit? Oder brauchen Sie nur eine Pause, um Kraft für eine neue Runde zu sammeln?

Position 2 Misstrauen Sie dem Friedensangebot Ihres Partners. Möglicherweise will er sich dadurch nur eine bessere Position verschaffen oder seine Schuldgefühle verdecken.

Position 3 In Ihrer Partnerschaft rumort es. Auch wenn es äußerlich aussieht, als herrschten Harmonie und eitel Sonnenschein, auf einer unterschwelligen Ebene tobt ein Kampf. So lässt sich kein liebevoller Frieden finden.

Position 4 Die Situation ist prekär. Jeder möchte ein Friedensangebot machen – aber keiner will der Erste sein.

Position 5 Ihre Beziehung steuert auf einen Frieden zu. Vielleicht ist es nur ein vorübergehender Waffenstillstand, den Sie aber nutzen sollten, um wirklichen, von Liebe getragenen Frieden zu schaffen.

SIEBEN DER SCHWERTER

List

EPILOG Ich wähle einen anderen Weg, das endlose Streiten zu beenden. Der Feind wird durch eine listige und geistreiche Attacke entwaffnet, wodurch der Friede wieder hergestellt zu sein scheint. Doch es ist ein trügerischer Frieden. Und im Grunde weiß ich das auch selbst.

BILD Ein Mann stiehlt sich mit fünf Schwertern davon. Mimik und Gestik strahlen List und Gefühl von Triumph aus. Es könnte sich um einem gewitzten Diebstahl oder um Verrat handeln. Die fünf Schwerter, die die Gestalt wie ein Bündel trägt, bedeuten zwar Gelingen, aber die zwei zurückbleibenden Schwerter spiegeln den Zweifel, den die Ziffer Zwei beinhaltet. Somit ist völlig offen, wie die List bzw. die geistreiche Attacke ausgehen wird. Das bunte Zeltlager rechts im Hintergrund steht für eine Behausung, eine Heimat, die beweglich bzw. veränderlich ist. Auch in der Bildmitte sind ganz klein noch drei Zelte zu erkennen. Bei der Farbgestaltung der Karte überwiegt die Farbe Gelb, die für geistige Klarheit, aber auch für Neid und Missgunst steht.

DEUTUNG Die Sieben der Schwerter steht für den negativen Einsatz des Verstandes, für List, Tücke, Täuschung, Intrige, Verrat, Betrug. Ganz generell zeigt die Karte eine Situation, in der es um Übervorteilung und List geht. Ob man allerdings eher Gefahr läuft, selbst getäuscht und betrogen zu werden, oder selbst unsaubere Wege geht, ist aus dieser Karte nicht zu erkennen. Die Karte stellt eine Warnung dar. Sie rät, dem Augenschein nicht ohne weiteres zu vertrauen – hinter jedem Lächeln können sich Gemeinheiten verstecken. Auf der anderen Seite steht die Karte auch für listenreiches Vorgehen, für einen Coup (vor allem, wenn die anderen Karten positiv besetzt sind). Die Ziffer Sieben bringt Magie bzw. übernatürliche Kräfte mit ins Spiel. Dabei hält sie ihre schützende Hand über all jene, die wie Odysseus in Troja den Gegner durch eine tollkühne List überrumpeln wollen.

Die Bedeutung als Themenkarte

Sie sollen Ihre ganze Überlegenheit anwenden, listig sein, einen Coup landen. Aber Sie müssen wissen, dass sich damit keine Auseinandersetzung auf Dauer beenden lässt. Wo es einen Sieger gibt, gibt es auch immer einen Verlierer, und der wird danach trachten, irgendwann den Spieß umzudrehen und selbst als Sieger aus Ihrer Auseinandersetzung hervorzugehen.

Die Bedeutungen beim Karrierecheck

Position 1 Sie tun gut daran, sich auf das Wesentliche zu beschränken. Es ist auch wichtig, die Argumente Ihrer Konkurrenten gut zu kennen. Probleme entstehen, wenn Sie sich nicht sicher sind, was Sie wollen. Definieren Sie Ihre Ziele genauer.

Position 2 Sie wähnen sich sämtlichen Konkurrenten um eine Nasenlänge voraus. In Wirklichkeit ist die entscheidende Auseinandersetzung noch nicht geführt. Freuen Sie sich nicht zu früh.

Position 3 Nehmen Sie jedes Angebot an, aber setzen Sie noch keine Unterschrift darunter. Vor jeder Abmachung gilt es, alles genau zu prüfen. Sie wissen doch: der Teufel steckt im Detail.

Die Bedeutungen beim Liebesorakel

Position 1 Vielleicht meinen Sie es ja gut. Vielleicht haben Sie auch tatsächlich die Absicht, einen Konflikt zu beenden. Dann sollten Sie Ihr Vorgehen unbedingt noch einmal überprüfen. Es scheint, dass Sie nicht ganz ehrlich sind und sich doch nur eigenen Vorteil versprechen.

Position 2 Ihr Partner spielt seine Überlegenheit aus. Aber sie beruht nicht auf besserer Kenntnis oder mehr Hingabefähigkeit, sondern auf besonderer Listigkeit. Das wird kein dauerhafter Friede werden.

Position 3 Wer hat gewonnen? Wer ist der Verlierer? Die Karte gibt darauf keine wirkliche Antwort. In einem Moment scheint es zwar einen Sieger zu geben, aber im nächsten kann schon alles ganz anders sein.

Position 4 Das ist ein fataler Zustand. Sie sind hilflos, wollen eine Auseinandersetzung und dann doch wieder den Frieden. Machen Sie es nicht so kompliziert. Sagen Sie, was Sie wirklich wollen.

Position 5 Die Karte verweist auf das Ende einer Auseinandersetzung. Das ist gut so, denn Sie gewinnen Zeit, um sich zu fragen, wieviel Ihnen diese Liebe bedeutet.

ACHT DER SCHWERTER

Demütigung

EPILOG Ich bin geschlagen. Ich fühle mich elend, missbraucht, gedemütigt. Ich könnte vergehen vor Scham. Die Schmach und die Schande, denen ich mich aussetzen muss, sind groß. Ich bin gefangen, wie angeprangert und öffentlich zur Schau gestellt. Es kommt mir vor, als würde die ganze Welt an meiner Niederlage teilhaben. Ich bin ein Opfer.

BILD Eine weibliche Gestalt steht mit einem Band gefesselt und mit verbundenen Augen inmitten von acht Schwertern. Die Szene wirkt wie eine öffentliche Opferung. Doch obwohl die Frau gefesselt ist, hat es den Anschein, als könne sie sich jederzeit befreien. Das Bild spiegelt also eine Situation, in der man sich hilfloser gibt, als man in Wirklichkeit ist. Die Burg im Hintergrund auf dem hohen Felsen symbolisiert mütterliche oder väterliche Urkräfte, den Sitz der Geborgenheit. Das Rot des Kleides der Frau steht für Lebenskraft, Wille und Trieb. Die rote Farbe bedeutet auch, dass die Frau nicht nur wehrlos ist. Auf dem Boden verbinden sich Erde und Wasser und versinnbildlichen dadurch die Verbindung von Materie und Psyche, von Körper und Seele.

DEUTUNG Die Acht der Schwerter zeigt, dass man scheinbar in einer ausweglosen Situation gefangen ist. Dass man sich hilfloser fühlt und gibt, als man in Wirklichkeit ist. Vielleicht, weil man in seiner Angst gefangen ist. Vielleicht, weil man sich bedroht fühlt. Tatsächlich müsste die Frau auf dem Bild nur einen kleinen Schritt zur Seite gehen, um mit den Schwertern ihre Fesseln zu durchschneiden. Die Karte offenbart, dass man vor lauter Hemmungen einen wichtigen Teil seines Selbst nicht lebt.

Die Bedeutung als Themenkarte

Vorsicht! Sie geraten in eine Situation, der Sie nicht gewachsen sind. Das wäre an und für sich kein Problem. Viel schwerer wiegt, dass Sie sich nicht anders zu helfen wissen, als das Opfer zu spielen. Damit machen Sie sich kleiner, als Sie in Wirklichkeit sind. Sie erbitten Gnade, aber Sie wollen kämpfen.

Die Bedeutungen beim Karrierecheck

Position 1 Sie sind wie ein Kind, das annimmt, es könnte der Bestrafung entgehen, wenn es nur richtig schreit. Wovor haben Sie Angst? Was kann Ihnen denn geschehen? Aber vielleicht verfolgen Sie damit eine kluge List, bringen sozusagen ein Damenopfer, um dadurch noch mehr zu gewinnen. Es wäre besser, Sie würden über das reden, was Sie überfordert, oder eine Pause einlegen.

Position 2 Sie sind überfordert, Sie haben Angst. Aber anstatt darüber zu reden, werden Sie krank und hilflos.

Position 3 Über Ihrem Tun und Ihren Plänen steht ein ungünstiges Schicksal. Versuchen Sie herauszufinden, was hinter Ihrer unbewussten oder latenten Opferhaltung tatsächlich steckt.

Die Bedeutungen beim Liebesorakel

Position 1 So, Sie sind also das Opfer, die Gedemütigte, vielleicht sogar die Verletzte und Verlassene? Aber ist Ihr Verhalten nicht Ausdruck Ihrer Kampfbereitschaft? Sind Sie bereit, wirklich Frieden zu schließen?

Position 2 Ihr Partner gibt sich schwach. Er gibt vor, verletzt und hilflos zu sein, aber alles spricht dafür, dass sein Kampf auf einer anderen Ebene weitergeht.

Position 3 Es ist schon tragisch. Sie sind beide das Opfer des jeweils anderen. Und dennoch ist niemand wirklich bereit, nachzugeben und Frieden zu schließen.

Position 4 Eine tiefe Verletzung, eine Schmach, eine Schande blockiert Ihre Liebe. Es ist etwas, wovon Sie glauben, nicht darüber sprechen zu können. Aber Ihr Verhalten, Ihr Rückzug, Ihre Schwäche spricht auch eine deutliche Sprache.

Position 5 Sie steuern auf einen eigenartigen Zustand in Ihrer Beziehung zu. Sie glauben, dass Sie Ihre Liebe retten können, wenn Sie sich schwach geben. Aber entstammt Ihre Schwäche letztendlich nicht auch einer Überlegenheit?

NEUN DER SCHWERTER

Verzweiflung

EPILOG Die Nacht der Verzweiflung ist über mich hereingebrochen. Ich erwache aus einem Alptraum, von dem ich mich nicht befreien kann. Ich finde keine Ruhe mehr. Die Gedanken, die in mir geboren wurden, haben sich verselbständigt und verfolgen mich bis in meine Träume. Sie werden zu Geistern, die mich heimsuchen und quälen. Ich glaube, ich bin endgültig verloren.

BILD Ein Mensch sitzt auf seinem Bett und hält in tiefer Verzweiflung die Hände vor sein Gesicht. Er ist aus dem Schlaf, aus einem Alptraum erwacht und fühlt sich immer noch von seinen Visionen verfolgt, die die neun Schwerter versinnbildlichen. Auf seiner Bettdecke sind rote Rosen und astrologische Zeichen abgebildet. Die roten Rosen verkörpern die vielen Menschen, die dem Verzweifelten Liebe schenken möchten und im Gegenzug auf seine Liebe warten. Sie sind ebenso wie die astrologischen Zeichen eine Metapher und fordern dazu auf, nicht im Leid zu verharren, sondern die Gunst der Stunde zu nutzen und die Zeichen der Zeit zu erkennen.

DEUTUNG Die Neun der Schwerter spiegelt Situationen der Angst, insbesondere die Angst vor einer Trennung von einem geliebten Menschen. Finden Sie heraus, ob diese Ängste mit der aktuellen Situation zu tun haben oder aus früheren Erlebnissen stammen. Denn alte Ängste »nagen« an jeder neuen Liebe und können sie zerstören. Im Beruflichen dokumentiert die Karte oft, dass man sich seinen Aufgaben nicht gewachsen fühlt, mutlos und überfordert ist. Sie steht auch für Prüfungsangst und Lampenfieber. Sie ist auch die Karte der Märtyrer und Neurotiker, die andere für ihr Leiden verantwortlich machen.

Die Bedeutung als Themenkarte

Etwas Unheilvolles steht Ihnen bevor. Die Karte ist eine Warnung, sich von alten Ängsten nicht einholen zu lassen, wach zu bleiben. Sie sollten wissen, dass Sie keine realen Bedrohungen ankündigt, sondern ausschließlich auf die Vergangenheit und die dort geborene Angst verweist.

Die Bedeutungen beim Karrierecheck

Position 1 Die Aufgabe, die Sie sich vorgenommen haben, wächst Ihnen über den Kopf, wird zum Alptraum, der Sie nachts verfolgt. Wichtig ist, die Augen zu öffnen und hinter dem Gespinst der Angst Ihre eigenen Machtansprüche zu erkennen.

Position 2 Hinter Ihrer Existenzangst und Ihrer Angst vor dem Ruin verbirgt sich Ihr Wunsch nach Macht, Sicherheit und Reichtum.

Position 3 Sie haben Angst, sich zu übernehmen. Unter solchen Umständen ist ein neuer Vertrag der Anfang vom Ende.

Die Bedeutungen beim Liebesorakel

Position 1 Was in Ihnen hochkommt, ist uralte Angst. Sie wurde geboren, als Sie auf die Welt kamen und von Ihrer Mutter getrennt wurden. Und jede weitere Trennung nährte diese Angst. Öffnen Sie die Augen. Nehmen Sie klar und deutlich wahr, was »Jetzt« ist.

Position 2 Ihr Partner durchlebt große Angst. Seine Liebe ist nicht stark genug, und jetzt glaubt er, auch die Ihre sei schwach. Versuchen Sie ihm zu helfen. Aber letztendlich ist es seine Angst.

Position 3 In Ihrer Beziehung kursiert die Angst vor Trennung. Aber in Wirklichkeit ist es Ihre Angst vor Hingabe.

Position 4 Die Angst vor Trennung geht um wie ein Gespenst. Sie lässt sich nicht fassen. Sie wird auch nicht ausgesprochen und dennoch lähmt sie Ihre Liebe.

Position 5 Was Ihnen hilft, ist ein offenes Gespräch, in dem Sie Ihre Angst, verlassen zu werden, aussprechen.

ZEHN DER SCHWERTER

Ruin

EPILOG Hingestreckt liege ich da – von zehn Schwertern durchbohrt. Das ist das Ende! Die Katastrophe ist hereingebrochen, der Fluch ist wahr geworden. Ich habe verloren. Doch da ist auch Hoffnung, denn ich weiß, am Ende des Tunnels ist immer Licht.

BILD Eine Gestalt liegt am Boden, von zehn Schwertern durchbohrt. Die Situation ist dramatisch. Es sieht nach Gewalt, Tod, Niederlage und Zerstörung aus. Dass es sich jedoch nicht um einen tatsächlichen, also physischen Tod handelt, sieht man an den Wunden, aus denen kein Blut fließt. Das Rot der Decke, die über die Gestalt ausgebreitet ist, symbolisiert Lebenskraft, Wille, Selbstbewusstsein und Stärke. Das ist es, was von den Schwertern vernichtet wird. Der schwarze Himmel unterstreicht die düstere Szenerie. Doch am Horizont hinter dem blaugrünen Meer und den Bergen von Hoffnung und Glauben setzt sich ein breiter Streifen Gelb durch. Es dämmert ein neuer Tag. Es gibt einen Lichtblick.

DEUTUNG Die Zehn der Schwerter verkündet keinen physischen Tod. Sie spiegelt einen inneren Zustand wider. Man hat sich in der Welt der Schwerter und somit in der Welt der Wünsche und Begierden verloren. Jedes Schwert ist Ausdruck einer Gier nach Macht, Geld, Ansehen, Sicherheit. Das Ego zerbricht buchstäblich an dem, was es selbst hervorgebracht hat. Die Karte kann sämtliche schicksalshaften, leidvollen Verstrickungen und Erfahrungen im Leben spiegeln. Mit der Zehn der Schwerter erfüllt sich die Reihe der Schwertkarten und zeigt, dass man am Ende angekommen ist. So bedeutet diese Karte häufig eine Wende und ist daher nicht nur ungünstig einzuschätzen. Besonders, wenn man über einen längeren Zeitraum Schwertkarten aufgedeckt hat, steht sie für einen leidvollen Gipfel und damit für die Chance auf Veränderung. Wichtig ist, sich die Verletzungen, die die Schwerter symbolisieren, bewusst zu machen, um ihnen so ihre heimliche Macht zu nehmen.

Die Bedeutung als Themenkarte

Das ist eine Warnung. Aber die Karte signalisiert keine physische Bedrohung. Vielmehr deutet sie an, dass Sie sich selbst in eine schwierige Situation manövriert haben. Alles ist das Ergebnis Ihres eigenen Egoismus. Das Gute daran ist, dass Sie den tiefsten Punkt erreicht haben. Jetzt geht es nur noch aufwärts.

Die Bedeutungen beim Karrierecheck

Position 1 Sie sind am Ende mit Ihrem Latein. Sie wollen zuviel, jetzt geht überhaupt nichts mehr. Aber ein neuer Tag beginnt, und auch Sie können Ihr Leben neu gestalten. Aller Anfang beginnt mit der Erkenntnis, dass Sie nicht nur das Opfer sondern auch Täter sind.

Position 2 Das Schicksal schickt Sie in eine Klärungsphase. Sie werden hart angefasst, weil Sie sich selbst vernachlässigt haben.

Position 3 Abmachungen, die im Lichte der Karte Zehn der Schwerter getroffen werden, tragen den Keim des Misserfolges in sich. Der einzige Vertrag, den Sie abschließen können, ist ein Bündnis mit Ihrer eigenen Wahrhaftigkeit und Gewissenhaftigkeit. Alles andere gleicht einem Pakt mit dem Teufel.

Die Bedeutungen beim Liebesorakel

Position 1 Die Karte zeigt Sie als Opfer. Aber sind Sie es wirklich? Was ist Ihre »Schuld«? Sie haben gespielt und zu hoch gesetzt! Jetzt bekommen Sie die Rechnung!

Position 2 Ihr Partner ist zehnfach durchbohrt. Er wird sagen, dass es Ihre Schwerter sind, die ihn verletzt haben. Aber das ist nur die eine Seite. Die andere ist, dass er sich selbst in diesen Zustand gebracht hat.

Position 3 Was ist vorgefallen, dass diese Karte für Ihre Liebe steht? Ist es das Ende? Oder sind Sie jetzt an den Punkt gekommen, wo Sie endlich wieder offen und ehrlich miteinander umgehen können?

Position 4 Es ist grausam. Sie kommen nicht los voneinander, aber Sie kommen auch nicht zusammen. Die Karte in dieser Position verweist eigentlich immer auf eine karmische Beziehung und Verstrickung.

Position 5 Es sieht furchtbar aus, was da auf Sie zukommt. Zugleich signalisiert die Karte eine Wende. Am Ende der Finsternis ist immer ein Licht!

PAGE DER SCHWERTER

Konflikt

EPILOG Ich begreife mich und die Welt mit meinem Kopf, mit meinem Verstand. Ich möchte das Lebendige in ein System bringen und nach meinen Vorstellungen und Idealen gestalten. Ich bin ein Kämpfer. Wenn es nötig ist, benutze ich mein Schwert, das heißt, meinen bohrenden Verstand, um die Wirklichkeit in den Griff zu bekommen. Insbesondere meinen Gefühlen trete ich mit dem Schwert in der Hand gegenüber und versuche, sie zu kontrollieren.

BILD Ein junger Mann in aufrechter Haltung trägt ein Schwert in der Hand. Es ragt über das Bild hinaus und verdeutlicht geistige Kraft. Die Vögel über dem Kopf des Pagen versinnbildlichen die Vielseitigkeit des Denkens, aber auch dass man sich darin verzetteln kann. Seine gelbe Hose und sein gelbes Hemd symbolisieren den Verstand und die Kraft des Lichtes, die Erkenntnis überhaupt erst ermöglicht. Sein violettes Wams bedeutet Grenzerfahrungen. Seine Stiefel, seine Berührungspunkte mit der Erde, sind rot. Das heißt, seine Basis sind Lebendigkeit, Herz und Wille.

DEUTUNG Der Page der Schwerter weist auf einen zwischenmenschlichen Konflikt hin. Gelegentlich signalisiert er auch Wut und Zorn, welche die Person, für die die Karte steht, nicht aussprechen kann. Die Karte steht auch für einen Menschen, der unbedingt Recht haben will, also für einen Verstandes- oder Kopfmenschen. Auch ein Kind, das sich gegenüber Erwachsenen abgrenzen will, kann gemeint sein. Der Page der Schwerter steht aber auch für die Chance, durch klärende Auseinandersetzung zu einer neuen Gemeinsamkeit zu finden. Die Karte kann auch Briefe, wichtige Dokumente oder Verträge ankündigen. Allerdings sollte man das Schriftstück oder die Angelegenheit, für die sie steht, gründlich überprüfen, denn sie verkündet häufig unklare und zwiespältige Botschaften.

Die Bedeutung als Themenkarte

Die Person, für die diese Karte aufgedeckt wird, ist ein Mensch, der versucht, möglichst alles mit dem Kopf zu analysieren und mit Hilfe von Logik und Vernunft seine Ziele zu erreichen. Das ist gut für Angelegenheiten, bei denen es um praktische und sachliche Dinge geht. Sind aber Gefühle im Spiel, ist sein Vorgehen falsch, sogar lästig! Wird die Karte nicht für eine Person, sondern eine bestimmte Angelegenheit, ein Thema oder ein Ereignis aufgedeckt, so verweist sie auf einen Menschen mit dem oben beschriebenen Charakter, der im Rahmen des Geschehens eine wichtige Rolle spielt.

Die Bedeutungen beim Karrierecheck

Position 1 Scharf nachdenken – und dann die richtigen Schlüsse ziehen. Ihre Gefühle haben jetzt nichts zu sagen. Beraten Sie sich besser mit einer fremden Person. Treffen Sie keine Entscheidung. Warten Sie ab.

Position 2 Eins und eins sind immer noch zwei. Und das Geld wächst nicht auf Bäumen. Benutzen Sie Ihr Hirn.

Position 3 Lesen Sie das Kleingedruckte. Holen Sie sich fachlichen Beistand. Benutzen Sie Ihren gesunden Menschenverstand.

Die Bedeutungen beim Liebesorakel

Position 1 Sie brauchen jetzt Zeit, um nachzudenken und Klarheit zu finden. Auf Ihre Gefühle ist gerade kein Verlass. Schalten Sie Ihren Kopf ein.

Position 2 Ob Ihr Partner zu jener Sorte Männern zählt, die alles mit dem Kopf checken wollen? Seien Sie auf der Hut. Das kann mühsam werden.

Position 3 In Ihrer Beziehung steht eine Klärung an. Soweit Sie sachlich vorgehen, sich gegenseitig zuhören und versuchen, sich zu verstehen, ist das wunderbar.

Position 4 Ihr Kopf stört. Sie denken zuviel. Was sagt Ihr Herz? Was sagt der Bauch?

Position 5 Eine Klärung steht an. Sie müssen Farbe bekennen! Ein Problem, das Sie vielleicht selbst noch gar nicht richtig wahrgenommen haben, stört Ihre Liebe und muss erkannt werden.

RITTER DER SCHWERTER

Vernichtung

EPILOG Ich kämpfe. Ich kämpfe gegen die Menschen, gegen das Leben, gegen die Welt, gegen mich selbst. Auf meinem Pferd und eisig wie der Wind des Nordens, bringe ich den Tod. Aber nicht den Tod, der erneuert und erlöst, sondern den sinnlosen Tod, der tötet, um zu vernichten aus Angst vor dem Leben. Meine Waffe ist mein scharfer Verstand, den ich gegen alles Lebendige und Natürliche richte. Wo ich auftauche, verstummen die Seelen wie Vögel vor einem nahenden Sturm.

BILD Ein junger Mann reitet im gestreckten Galopp durch eine sturmgepeitschte Landschaft. Er wirkt kräftig, aggressiv und zum Äußersten entschlossen. Kampfbereit und angriffslustig streckt er sein Schwert einem unbekannten Feind entgegen. Sein Pferd wirkt von Panik gehetzt, so, als erwarte es den nächsten schmerzhaften Fußtritt mit den spitzen Sporen in seine Flanken. Der Ritter der Schwerter ist auch ein Zeichen dafür, dass Personen und Ereignisse unerwartet ins Leben des Fragestellers treten können.

DEUTUNG Die Ritter der Schwerter signalisiert eine Phase der Kälte, des Argwohns, der Zwietracht und Streitigkeiten. Er lebt nach seinem Kopf und nicht nach seinem Herzen, ist zwanghaft und verstandesbestimmt. Bei ihm geht es um Recht und Ordnung, um Rechthaben und Wichtigsein, um Intellekt. Gefühl oder gar Mitgefühl kennt er nicht. Oft ist er der Vorbote messerscharfer Wortgefechte, von Zerwürfnissen oder Trennungen. Er kann einen widerwärtigen, kalten und rechthaberischen Menschen, Mann wie Frau, darstellen. In Partnerschaften verkörpert er ein Erkalten und Absterben der Gefühle. Was vorherrscht, sind Bitterkeit, Hass oder hämischer Spott.

Die Bedeutung als Themenkarte

Sie bekommen Probleme. Wenn Sie es sind, den die Karte meint, dann werden Sie stur und rechthaberisch um Ihre Pfründe kämpfen. Oder sie steht für einen anderen Menschen, dann müssen Sie mit unangenehmen Überraschungen rechnen. Seien Sie auf der Hut!

Die Bedeutungen beim Karrierecheck

Position 1 Sie verfügen über ungeheure Kräfte, weil Sie von einer Idee gefangen sind. Nutzen Sie sie konstruktiv, achten Sie darauf, dass Sie niemandem schaden.

Position 2 Wer unter der Karte Ritter der Schwerter reich geworden ist, erstickt früher oder später an seinem Geld.

Position 3 Sie sind wütend! Sie möchten alles hinwerfen und kündigen. Sie planen einen Rachefeldzug ... Alles verständlich. Aber es bringt Ihnen nichts.

Die Bedeutungen beim Liebesorakel

Position 1 Vielleicht sind Sie verletzt? Vielleicht bricht die Vergangenheit durch, in der Sie schmerzhafte Erfahrungen gemacht haben. Auf jeden Fall versuchen Sie jetzt wie der Reiter auf dem Pferd mit Gewalt etwas zu erreichen, wovon Sie glauben, dass es Ihr Recht ist. Aber Sie vergrößern nur das Problem.

Position 2 Dieser Mann sieht in Ihnen die Frau, die ihn früher verletzt hat. Jetzt können Sie sich umdrehen und gehen oder seine Therapeutin spielen.

Position 3 In Ihrer Partnerschaft steht eine Rechnung offen. So lange sie nicht beglichen ist, tobt der Krieg. Vergessen ist zu wenig, verzeihen zählt.

Position 4 Diese Liebe ist viele Leben alt. Und auch der Hass dauert schon seit ewigen Zeiten. Jeden Augenblick kann jemand die Kontrolle verlieren. Ob Sie endlich einen Schlussstrich ziehen können?

Position 5 Liebe und Hass gehören zusammen. Sie unterdrücken Ihren Hass, und deswegen hat auch Ihre Liebe keinen Platz. Schaffen Sie sich Luft.

KÖNIGIN DER SCHWERTER

Unabhängigkeit

EPILOG Ich bin stark. Ich bin klug, wachsam und ideenreich. Ich strahle Autorität aus. Ich lebe meine Unabhängigkeit und genieße sie. Ich regiere mein Leben frei, individuell und autonom. Meine Ansichten sind fest, und meine Entscheidungen sind vom Intellekt bestimmt und gerecht. Meine Gefühle analysiere ich und halte sie unter Kontrolle. Ich lebe mein Leben. Ich bin eine emanzipierte Frau.

BILD Eine Frauengestalt sitzt in königlicher Haltung auf einem Thron. Ihre scharf hervortretenden Gesichtszüge und das aufgerichtete Schwert in ihrer Hand deuten auf einen klaren Verstand und gut durchdachte Handlungen hin. Ihr steinerner Thron ist mit Schmetterlingen, einem Kindskopf und zwei Mondsicheln geschmückt. Der Kinderkopf stellt das innere Kind, die eigene Kindheit und die Mutter-Kind-Beziehung dar. Der Schmetterling verkörpert Leichtigkeit, Flatterhaftigkeit, aber auch ein reifes, freies Dasein, denn er hat sich aus seinem Raupenkonkon befreit. Er hat sich auch aus dem grauen Steinthron befreit und ist zur goldenen Krone aufgestiegen: Was im Unterbewusstsein gefangen war, soll bewusst werden. Die beiden Mondsicheln, die sich berühren, erinnern an die Doppelaxt (Labrys), das Symbol der vorantiken Matriarchate wie etwa in Kreta. Weiblichkeit, Mutterrecht und weibliche Selbstbestimmung sind in dieser Symbolik enthalten.

DEUTUNG Die Königin der Schwerter verkörpert die weibliche Seite des Luftelements. In der Regel steht sie für eine Frau. Wer die Karte für sich zieht, wird daran erinnert, dass er sich selbst zu wenig annimmt und zu hohe Ansprüche an sich stellt. Oft zeigt sie an, dass man sich aus einer unbefriedigenden Situation befreien will. Zum Beispiel, wenn sich eine Frau von dem Mann lossagen will, der sie unterdrückt, oder wenn sie sich aus einer beruflichen Situation lösen will, in der sie sich erniedrigt fühlt. Häufig deutet die Schwert-Königin auf eine weibliche Rivalin im Beziehungsleben hin.

Die Bedeutung als Themenkarte

Die Person, für die die Karte aufgedeckt wird, ist eine emanzipiert Frau. Sie nimmt ihr Leben selbst in die Hand, ist unabhängig und findet auch ohne Mann ihr Glück. Sie ist allerdings auch »kopflastig«. Das ist gut für sachliche Klärungen und Geschäfte. Aber Gefühlen gegenüber ist dieser Mensch abweisend und kalt. Sogar berechnend kann er sein. Wird die Karte nicht für eine Person, sondern eine bestimmte Angelegenheit, ein Thema oder ein Ereignis aufgedeckt, so verweist sie auch in diesem Fall auf einen Menschen mit dem oben beschriebenen Charakter, der im Rahmen des Geschehens eine wichtige Rolle spielt.

Die Bedeutungen beim Karrierecheck

Position 1 Sie sind die geborene Managerin in einem offensiven Unternehmen. Für Ihre Ideen und Ziele geben Sie all Ihre Kraft. Sie sind eine gerechte, aber auch unduldsame Autoritätsperson. Sie werden eher gefürchtet als geliebt.

Position 2 Sie sind eine starke und unaufhaltsame Gewinnerin und werden Ihren Reichtum immens vermehren.

Position 3 Die Königin der Schwerter ist in ihren Abmachungen hart, bedingungslos und auf ihren eigenen Vorteil bedacht. Gewinne ihr gegenüber müssen erkämpft werden.

Die Bedeutungen beim Liebesorakel

Position 1 Sie sind die Königin, Sie haben das Sagen. Das hat den Vorteil, dass Sie alles im Griff haben und unabhängig sind. Der Nachteil ist, dass Sie Ihre Gefühle kontrollieren und Angst haben, sich hinzugeben.

Position 2 Ihr Partner wird beherrscht von einer Frau. Das können Sie sein, eine andere (frühere) Frau und sogar seine Mutter. In jedem Fall ist diese Person gefährlich, wenn Sie sie zur Feindin haben.

Position 3 Patt! Sie sind gleichstark. Jetzt können Sie lachen und die Friedenspfeife rauchen. Oder zum Rosenkrieg antreten und sich gegenseitig die Hölle heiß machen.

Position 4 Runter vom Thron, und zwar bevor er zusammenbricht ...! Wenn Sie ganz von vorne beginnen, hat Ihre Liebe vielleicht noch eine Chance.

Position 5 Alles sieht nach Kampf aus. Einer wird gewinnen. Aber zwei werden ihre Liebe verlieren.

KÖNIG DER SCHWERTER

Unerbittlichkeit

EPILOG Ich bin stark, mächtig, erhaben. Ich weiß, was ich weiß und lasse mich davon nicht abbringen. Andere sagen, ich bin stumm, rechthaberisch und eigensinnig. Ja, ich halte an meinen Ideen fest und habe meine Gefühle fest im Griff. Ich vertraue mir selbst am meisten, oder anders ausgedrückt: eigentlich bin ich mein bester (und einziger) Freund.

BILD In strenger und unerbittlicher Haltung thront der König der Schwerter über der Landschaft. Sein steinerner Herrscherstuhl ragt in den Himmel, gleich einer Himmelsleiter, und drückt somit die Verbindung mit einer höheren Dimension aus. Doch liegt diese Verbindung in seinem Rücken, also außerhalb seiner Wahrnehmung, was darauf hinweist, dass er die Verbindung verloren hat. Sein Schwert neigt sich zur rechten Seite, als Zeichen seiner Neigung, nur das anzuerkennen, was bewusst, klar, sinnlich erfahrbar, logisch und eindeutig ist. Sein Gewand leuchtet in hellem Blau, der Farbe des offenen Himmels und des klaren Wassers, und versinnbildlicht Geist und Erkenntnis. Das Rot und Rot-Gelb seiner Kleidung drückt Willen und Lebenskraft aus.

DEUTUNG Der König der Schwerter verkörpert den Archetyp des strengen, unerbittlichen Übervaters. Er ist der Herrscher der Gedanken und Vorstellungen, der Ideen und Fantasien. Er sieht die Welt nicht, wie sie ist, sondern, wie er sie sich vorstellt. Deswegen ist er so stark. Die Karte offenbart einen Konflikt mit einer harten, autoritären, männlichen Person, die als Kollege, Freund oder Partner kompliziert, eifersüchtig, misstrauisch, rechthaberisch und »verkopft« ist. Wenn er auftaucht, werden Beziehungen schwer und problematisch. Der König der Schwerter (und die Person, die er benennt) hat aber auch klärende Wirkung. Er bringt die nötige Kraft, sich aus unbefriedigenden, unwürdigen Situationen zu befreien.

Die Bedeutung als Themenkarte

Die Person, für die diese Karte aufgedeckt wird, ist klar, bewusst und willensstark. Aber sie ist auch unerbittlich. Sie macht ihre eigenen Gesetze. Wer mit einem derartigen Menschen zu tun hat, muss sich unterordnen oder fliehen und sich schützen. Wird die Karte nicht für eine Person, sondern eine bestimmte Angelegenheit, ein Thema oder ein Ereignis aufgedeckt, so verweist sie dennoch auf einen Menschen mit dem oben beschriebenen Charakter, der im Rahmen des Geschehens eine wichtige Rolle spielt.

Die Bedeutungen beim Karrierecheck

Position 1 Sie sind eine unbequeme Chefin. Aber Sie bieten Ihren Mitarbeitern auch in Krisensituationen Sicherheit. Sie sind eine kämpferische Unternehmerin.

Position 2 Sie können mit Hilfe Ihres Überblicks und Ihrer immensen Selbstbeherrschung Berge von Geld gewinnen.

Position 3 Ein König der Schwerter trifft Absprachen stets in seinem Sinne. Man kann sich ihm nur beugen – oder gehen.

Die Bedeutungen beim Liebesorakel

Position 1 Sie sind von einem Mann gefangen, der wie ein König der Schwerter ist. Es kann Ihr Partner sein, aber viel wahrscheinlicher ist es eine Figur aus der Vergangenheit, womöglich Ihr eigener Vater.

Position 2 Möchten Sie einen Partner, der wie der König der Schwerter auf einem ehernen Thron sitzt und kaum Gefühle zeigt? Ergreifen Sie die Flucht, solange es noch geht.

Position 3 Ein mächtiger Mann steht zwischen Ihnen und Ihrem Partner. Es ist eine Figur aus Ihrer Psyche, ein Gruß aus der Vergangenheit. Lassen Sie nicht zu, dass sie Ihre Liebe zerstört.

Position 4 Die Vergangenheit lähmt die Gegenwart: Sie sind in Ihrem Inneren immer noch mit einem Mann aus früheren Tagen beschäftigt. Es ist eine Schattenfigur, die Ihre Liebe im Hier und Jetzt torpediert.

Position 5 Ihr Partner wird eine Entscheidung treffen, die zwar schmerzt, aber richtig ist. Haben Sie Vertrauen!

ASS DER MÜNZEN

Erfüllung

EPILOG Ich bekomme ein wunderbares Geschenk aus dem Kosmos. Es ist ein magischer Stern, ein Schlüssel zum Glück. Er bringt mir Wahrheit, Frieden und Reichtum. Ich freue mich darüber und weiß, dass Geld und Besitz allein nicht glücklich machen. Ich strebe nach innerem Reichtum, nach Zufriedenheit, Wissen und Freude. So komme ich dem Tor zum Paradies ein Stück näher.

BILD Eine Hand überreicht ein Geschenk aus dem Himmel. Es ist eine goldene Münze mit einem Fünfstern, dem Pentagramm. Die Spitze des Sterns zeigt nach oben. Das ist ein Zeichen für die Kräfte der weißen Magie. (Mit der Spitze nach unten wäre es das Abzeichen der Schwarzmagie.) Im Vordergrund ist ein von Blumen umkränztes Tor zu sehen. Es ist eine Metapher für das Tor zum Paradies. Die blauen Berge im Hintergrund gelten als altes Symbol der Hochzeit zwischen Himmel und Erde. Die Lilien im Vordergrund werden mit der Jungfrau Maria assoziiert. Sie gelten als Sinnbild des Guten und wurden daher zu den Pflanzen gerechnet, die Hexen und böse Geister abwehren können.

DEUTUNG Das Ass der Münzen ist wie das Ass der Kelche eine große Glückskarte. Ganz allgemein stehen die Münzkarten für das Urelement Erde und somit für konkrete Lebensgestaltung, sinnliche Erfahrungen, praktische Fähigkeiten und angewandte Talente. Das Ass der Münzen steht für große Zufriedenheit in allen Bereichen. Man fühlt sich gut, hat zündende Ideen, entdeckt Lösungen für Probleme und kann die Früchte seiner Arbeit ernten. Im Berufs- und Geschäftsleben signalisiert die Karte Anerkennung, Erfolg, Aufgaben, bei denen man sich selbst verwirklichen kann, eine Gehaltserhöhung oder eine Beförderung. Im Liebesleben kündigt sie häufig eine neue beglückende Beziehung an. In bestehenden Partnerschaften zeigt sie positive Entwicklungen und neue Möglichkeiten.

Die Bedeutung als Themenkarte

Haben Sie Vertrauen. Rechnen Sie mit dem Wohlwollen des gesamten Universums. Was auf Sie zukommt ist wunderbar. Das Glück und alle guten Geister stehen auf Ihrer Seite. Jetzt brauchen Sie nur noch zuzugreifen.

Die Bedeutungen beim Karrierecheck

Position 1 Ihr Handeln führt zu Glück und Reichtum. Zunächst ist damit äußerer Reichtum gemeint, also Geld und Besitz. Aber genauso ist auch innerer Reichtum wie Wissen, Glück, Zufriedenheit und Freude gemeint. Äußerer Reichtum ohne die richtige innere Einstellung macht nicht glücklich, sondern ängstlich, gierig und überheblich. Achten Sie daher bei Ihren Tun darauf, sich selbst treu zu bleiben und Ihre innere Stimme, Ihr Gewissen nicht zu überhören.

Position 2 Über Ihren Geldgeschäften wacht der weiße Adler des Glücks. Sie werden Ihren Wohlstand vermehren. Verlangen Sie nicht mehr, als Ihnen zusteht, und geben Sie nicht weniger, als gerecht ist.

Position 3 Das Glück begleitet Sie. Die Zeit für Abmachungen jeglicher Art ist bestens. Sie können nur gewinnen.

Die Bedeutungen beim Liebesorakel

Position 1 Das ist eine wundervolle Liebe, getragen von Freundschaft, Offenheit und gegenseitigem Respekt. Sie müssen allerdings wissen, dass die Münzen die körperliche, erotische und partnerschaftliche Liebe nicht in den Vordergrund rücken. Es geht vielmehr um geistige Übereinstimmung, um Seelenverwandtschaft, um wahre Freundschaft.

Position 2 Dieser Mann ist Ihr geistiger Freund, Ihr Seelenbruder. Er ist nicht identisch mit Ihrem Herzensfreund. Versuchen Sie, ihn vor allem nicht als Ihr Eigentum zu sehen.

Position 3 Sie haben Glück. Ihre Liebe berührt den Himmel. Etwas Wunderbares zeichnet Ihre Freundschaft aus. Sie sind zwei Seelenverwandte, die sich auf ihrer Lebensreise ein Stück lang begleiten.

Position 4 Sie sperren sich gegen eine Vertiefung Ihrer Liebe. Sie halten zu sehr am Körperlichen, am Sex, an Ihren Gefühlen fest. Liebe hat aber noch eine ganz andere Dimension: die Verwandtschaft im Geiste. Gegen diese sperren Sie sich. Warum eigentlich?

Position 5 Die geistige Beziehung ist wichtig. Darauf kommt es jetzt an.

ZWEI DER MÜNZEN

Spiel

EPILOG Ich werde zum Lebenskünstler, zu einem Jongleur, der mit dem Leben spielt. Ich lege mich nicht fest, sondern bin offen für den Gang der Dinge. So ergibt sich das eine oder das andere, und ich werde erlöst vom quälenden Gefühl der Unentschiedenheit, vom Zwang zu handeln, eine Entscheidung zu treffen. Ich entdecke auch die Heiterkeit, eine Gabe, die mich über das Leben erhebt.

BILD Eine Gestalt jongliert mühelos mit zwei Pentakelscheiben und demonstriert so Flexibilität und Anpassungsfähigkeit. Die Scheiben sind in eine Unendlichkeitsschleife eingehüllt, die den unendlichen Fluss des Lebens spiegelt. Das Grün von Schleife und Schuhen steht für Natürlichkeit und Hoffnung. Die helle Frische der Farbe drückt aus, dass die Gestalt noch »frisch in ihren Schuhen« steckt, also ihren Standpunkt erst vor kurzem bezogen hat. Der hohe rote Hut ist sowohl als Symbol des Egos als auch als Phallussymbol anzusehen. Der schabrackenartige Saum deutet auf eine bewegte oder bewegende Sexualität hin. Außerdem drücken sich in den roten und gelbroten Kleidungsstücken Lebens- und Willenskraft sowie Triebhaftigkeit aus. Die blauen Wellenberge im Bildhintergrund erinnern mit den unterschiedlich großen Schiffen an das ewige Auf und Ab, an die Balance im Leben.

DEUTUNG Die Zwei der Münzen ist eine Aufforderung, das Leben leicht und spielerisch zu nehmen. Sie kennzeichnet eine Phase, in der man sich des Wechselspiels des Lebens bewusst ist. Vorbei ist alle Verbissenheit und quälende Unentschiedenheit oder Wertigkeit. Eine Zeit der inneren Balance und des Loslassens steht an. Man erkennt, dass letztendlich das eine genauso wichtig ist wie das andere. Entspannt kann man sich den Strömungen des Lebens hingeben. Je nach Anlass, für den die Karte aufgedeckt wird, kann diese Einstellung als spielerische Kompromissbereitschaft oder sogar wohltuende Unentschlossenheit gedeutet werden. Negativ kann sie aber auch als Standpunktslosigkeit oder Angepasstheit beurteilt werden.

Die Bedeutung als Themenkarte

Leben ist die Kunst, von Moment zu Moment zu eilen, stehenzubleiben, wenn sich eine Gelegenheit ergibt und weiterzugehen, wenn der Wind im Rücken bläst. Nichts ist von Dauer. Alles ist immer nur flüchtig. Genießen Sie den Augenblick. Spielen Sie mit ihm. Seien Sie wie ein Jongleur, eine Närrin, ein Kind. Das macht Ihr Leben leichter und Sie glücklicher.

Die Bedeutungen beim Karrierecheck

Position 1 Wenn Sie verkrampft sind, geht gar nichts. Ihre Ernsthaftigkeit überträgt sich doch auf Ihre Mitarbeiter und Kollegen. Das Tarot rät zu mehr Leichtigkeit. Betrachtet Sie das ganze als Spiel.

Position 2 Diese Karte bedeutet, dass Sie im Lotto spielen, ins Casino gehen oder auf die erst beste Aktie setzen sollen, die Ihnen unterkommt. Vielleicht finden Sie sogar Geld einfach so auf der Straße.

Position 3 Was immer kommt, ist richtig. Versteifen Sie sich nicht auf eine spezielle Auslegung oder Formulierung. Keine Abmachung kann Ihnen Glück oder Heiterkeit garantieren. Das kommt immer nur aus Ihnen selbst.

Die Bedeutungen beim Liebesorakel

Position 1 Flirten ist die Kunst der flüchtigen Verführung. Seien Sie ein Schmetterling, ein Lichtstrahl, ein Mondschein, der auf dem Wasser tanzt.

Position 2 Dieser Mann spielt mit Ihnen. Genießen Sie es als Abenteuer, als köstlichen Zeitvertreib. Aber verlangen Sie nicht mehr. Sonst ist der süße Traum schnell zu Ende.

Position 3 Ihre Liebe ist wie das Spiel zweier Kinder, die auf einem bunten Regenbogen balancieren. Diese Beziehung ist herrlich unkompliziert. Sie sind zwei Seelen, die sich gefunden haben, um sich das Leben leicht zu machen.

Position 4 Hören Sie auf zu kokettieren. Es hat Sie längst viel heftiger erwischt, als Sie wahrhaben wollen. Oder haben Sie Angst vor tieferen Gefühlen, vor Leidenschaft?

Position 5 Jetzt hilft Ihnen nur noch ein Witz, ein Lachen, eine fröhliche Geste. Seien Sie um Gottes Willen nicht so ernst!

DREI DER MÜNZEN

Verwirklichung

EPILOG Ich finde eine Aufgabe, die mich erfüllt. Ich bemerke, wie mich diese Tätigkeit anzieht, wie ich mich in ihr wiederfinde. Ich hole alles aus mir heraus und kann mich verwirklichen. So ist meine Tätigkeit eine Basis, die mich trägt und mir Sicherheit gibt. Ich habe etwas gefunden, was meinem Leben Sinn, Richtung und Ziel verleiht. Ich arbeite an meinem Lebenswerk.

BILD Auf dem Bild sind drei Figuren zu sehen. Die Gestalt auf der Bank stellt einen Steinmetz dar. Ihm gegenüber steht ein Mönch und ein Baumeister, der einen Plan oder eine Bildvorlage hält. Die dargestellte Szene kann eine Prüfungssituation sein, etwa eine Gesellenprüfung. Oder Mönch und Baumeister begutachten die Qualität der Arbeit. Durch die schwarze Farbe wird die Karte oft missverstanden und negativ gedeutet. Das Dunkle zeigt jedoch, dass es sich hier um eine Situation in einem Kellergewölbe oder in einer Krypta handelt. Das Schwarz und der unterirdische Standort stellen die persönlichen Bedürfnisse und Verhaltensweisen dar, die bisher stiefmütterlich behandelt wurden oder weisen darauf hin, dass das persönliche Licht und das eigene Ich zu kurz kommen, wenn Beruf und Berufung von falschem Ehrgeiz bestimmt sind.

DEUTUNG Die Drei der Münzen verkündet grundsätzlich einen wichtigen Schritt im Leben. Sie stellt Wachstum dar im Hinblick auf Beruf, Begabung, Ausbildung und finanzielle Angelegenheiten. Sie zeigt den Abschluss einer Entwicklung und den Neuanfang auf einer höheren Ebene. Sie deutet auf den Beginn einer Schulausbildung, einer Lehre oder eines Studiums hin. Auch eine Prüfung, ein Abschluss, eine Beförderung oder eine Therapie kann gemeint sein. In Beziehungen zeigt sie an, dass man zu einer reiferen Form des Miteinanders findet, zu einer höheren Stufe der Liebe, in der die geistige Anziehung wichtiger ist als die erotische.

Die Bedeutung als Themenkarte

Was immer auf Sie zukommt, es ist wichtig. Es ist ein Meilenstein in Ihrer persönlichen Entwicklung. Nehmen Sie jetzt alles sehr ernst und sehr genau. Eine derartige Chance nicht wahrzunehmen, wäre ein großer Fehler, der Sie noch Jahre ärgern würde.

Die Bedeutungen beim Karrierecheck

Position 1 Es geht um Ihr Lebenswerk. Dieser wichtigen Aufgabe all Ihre Kraft zu schenken, ist selbstverständlich. Aber vergessen Sie nicht das größere Ganze, in das Sie und Ihr Wirken eingebettet sind.

Position 2 Investieren Sie Ihr Geld dort, wo es nicht nur Ihnen nutzt. Spenden Sie eine Summe für Amnesty International oder eine andere Hilfsorganisation. Sie leben nicht allein auf dieser Welt.

Position 3 Alle Abmachungen und Absprachen sind im Lichte dieser Karte fest wie ein Fels und währen bis in alle Ewigkeit.

Die Bedeutungen beim Liebesorakel

Position 1 Ihre Liebe ist vor allem geistiger Natur. Es geht dabei nicht um Körperlichkeit, sondern um eine Entwicklung, die aus dieser Liebe entsteht.

Position 2 Dieser Mann bringt Ihrem Leben eine neue Richtung, hebt Sie auf eine neue Stufe. Er ist so etwas wie Ihr Lehrer. Sie sollten aber verstehen, dass die Beziehung zu diesem Mann primär geistiger und nicht körperlicher Natur ist.

Position 3 Sie sind ein Paar, das sich wunderbar versteht und herrlich ergänzt. Aber die Basis Ihrer Beziehung ist primär geistiger und nicht körperlich-sexueller Natur.

Position 4 Ihre Beziehung ist in einer Sackgasse steckengeblieben, weil Sie ausschließlich das Körperliche leben und betonen.

Position 5 Ihre Beziehung öffnet sich, Sie entdecken eine neue Dimension, nämlich ein Miteinander zweier freier und selbständiger Individuen, eine Liebe im Geiste.

VIER DER MÜNZEN

Besitz

EPILOG Ich bin reich und halte das Glück in meinen Armen. Ich genieße Ansehen. Andere Menschen beneiden mich sogar um mein Glück. Ich habe eigentlich alles, was ich mir wünsche, und trotzdem bin ich nicht wirklich zufrieden. Eine innere Unruhe treibt mich weiter, immer weiter, bis ich mein wirkliches Ziel gefunden habe.

BILD Ein junger Mann sitzt auf einem Sockel vor einer Stadt. Er sieht reich und wohlhabend aus. In seinen Händen hält er Gold, er steht auf Gold und ist von Gold gekrönt. Doch er scheint sich nicht darüber zu freuen. Seine Haltung und seine Mimik drücken Angst und Verdruss aus. Er sitzt geduckt da und wirkt, als hätte er Angst oder erwarte eine Bestrafung. Er hält sich an seinem Besitz fest, sucht Sicherheit, die jedoch materielle Werte nicht geben können. Die Münze auf seinem Kopf sagt aus, dass sich sein Denken um nichts anderes mehr dreht als eben um Sicherheit, Wohlstand und Status. Die Ziffer Vier ist eine problematische Zahl. Sie ist einerseits harmonisch, andererseits abgeschlossen und statisch. Hier überwiegt der statische Charakter.

DEUTUNG Die Vier der Münzen verweist ganz generell auf Phasen der Stagnation. Damit kann der Beruf, die Partnerschaft oder die persönliche Entwicklung gemeint sein. Sie steht für übertriebenes Sicherheitsbedürfnis, für Besitzstandswahrung, Furcht vor Veränderung und den damit verbundenen negativen Verhaltensweisen: Geiz, Habgier, Starrsinn, Festhalten und Fixiertheit. Im Privatbereich führt eine derartig ängstliche und besitzergreifende Haltung dem Partner gegenüber früher oder später eine Trennung herbei. Das Leben ist ein Prozess, eine ständiges Geben und Nehmen. Ein alter Zen-Spruch beschreibt dies treffend folgendermaßen: »Wenn man durstig ist, muss man erst loslassen. Mit einer vollen Hand kann man kein Wasser schöpfen«.

Die Bedeutung als Themenkarte

Vielleicht ist es an der Zeit, dass Sie sich wieder einmal ein neues Outfit zulegen. Oder es gelüstet Sie nach mehr Luxus. Fein! Kein Problem! Aber machen Sie sich dabei nichts vor. Liebe, Glück und wirkliche Sicherheit finden Sie auf diese Weise nicht.

Die Bedeutungen beim Karrierecheck

Position 1 Sie haben eine Position erreicht und möchten diesen Status nicht mehr verlieren. Sie hängen an dem, was Sie haben. Aber Ihre Rechnung geht nicht auf. Nur wenn Sie loslassen, können Sie auch wieder neu zugreifen. Nur wer gibt, bekommt zurück.

Position 2 Ihr Selbst, Ihre ganze Persönlichkeit beruht auf Wohlstand, Reichtum und Geld. Jetzt müssen Sie Ihren Besitz bewachen, wie der Teufel die arme Seele, weil mit jeder Mark, die verlorengeht, ein Stück von Ihnen verschwindet.

Position 3 Sie sind sehr darauf bedacht, optimale finanzielle Bedingungen herauszuschlagen. Das ist okay. Aber treiben Sie es nicht auf die Spitze. Sicherheit kann Ihnen kein Vertrag garantieren.

Die Bedeutungen beim Liebesorakel

Position 1 Sie haben Angst. Daher versuchen Sie, Ihren Partner festzuhalten, ihn zu locken, zu umgarnen, zu verführen ... Das alles führt letzten Endes aber nur dazu, dass Sie ihn verlieren. Machen Sie Ihre Arme auf.

Position 2 Dieser Mann versucht, Sie in einen goldenen Käfig zu stecken. Aber auch das ist ein Gefängnis.

Position 3 Ihre Liebe ist eigentlich ein Geschäft. Sie geben Ihrem Partner Sicherheit, und im Gegenzug verleiht er sie Ihnen auch.

Position 4 Sie müssen mit der Angst leben, dass Sie Ihren Partner jederzeit verlieren können. Und das gleiche gilt für Ihren Partner. Diese Angst macht Ihre Liebe aber erst richtig spannend und lebendig.

Position 5 Ihre Liebe stagniert. Sie halten zu sehr aneinander fest und betrachten sich gegenseitig als Besitz. Schenken Sie sich Freiheit.

FÜNF DER MÜNZEN

Mitgefühl

EPILOG Ich bin gewohnt, dass ich alles, was ich will, auch bekomme und habe ganz vergessen, was es heißt, andere um etwas zu bitten, Trost zu suchen, die Wärme des Herzens zu spüren, das offen ist und gibt. Jetzt, da ich auf der Schattenseite des Lebens stehe, einsam und verloren bin, öffnet sich mein Herz für die Wohltaten anderer. Erst jetzt, wo ich im Dunkeln gehe, kann ich das Licht erkennen, das mich tröstet.

BILD Zwei arme, verletzte, zerlumpte Bettler irren frierend durch den Schnee auf der Suche nach Almosen. Sie haben keine Heimat, sind Geächtete. Das zeigt das Pestglöcklein am Hals der linken Figur. Das Bild steht für Ausgestoßensein, Einsamkeit, Hilflosigkeit, Krankheit, Armut, aber auch für seelische Kälte und geistige Not. Das Weiß des Bodens bedeutet nicht nur Schnee, sondern auch »jungfräuliches« Neuland, und die Spuren, die sich im Schnee verwischen, sind als Sinnbild für einen unklaren, undeutlichen Weg zu verstehen. Das hell erleuchtete Kirchenfenster strahlt Wärme aus und offenbart, dass es auch in finsteren Augenblicken einen Hoffnungsschimmer gibt.

DEUTUNG Die Fünf der Münzen zeigt eine Lebenssituation, in der man sich armselig, glücklos und verlassen vorkommt. Doch sie sagt nicht tatsächliches Unglück voraus, sondern Ängste, die mit real bevorstehenden oder mit befürchteten Veränderungen zusammenhängen. In der Partnerschaft drückt die Karte Entbehrung und Verlassenheit aus. Man fühlt sich ungeliebt und minderwertig. Sie deutet Hoffnungslosigkeit an und sollte gerade deshalb als Zeichen einer Umbruchphase verstanden werden, in der man durch klärende Gespräche und Verhaltensänderungen zu einer reiferen Form der Beziehung gelangt. Bei der Interpretation der Karte ist es wichtig, die Hintergründe der momentanen Lebenssituation zu erfragen. So offenbart sich nämlich, dass die Ursache der problematischen Situation in einem selbst zu finden ist.

Die Bedeutung als Themenkarte

Jetzt erleben Sie die andere, die Schattenseite des Lebens. Die Karte stellt eine Warnung dar. Haben Sie sich etwas zuschulden kommen lassen? Waren Sie zu gierig? Wollten Sie zuviel? Die Karte ist aber auch eine Aufforderung, um Hilfe zu bitten.

Die Bedeutungen beim Karrierecheck

Position 1 Sie sind in der Position des Bittstellers, also tragen Sie nicht so dick auf. Zeigen Sie besser, wie es um Sie steht. Fragen Sie um Hilfe. Wenn Sie sich verschließen, machen auch die anderen dicht.

Position 2 In Ihrer Situation ist bereits ein Almosen ein Geschenk. An das große Geld brauchen Sie jetzt wirklich nicht zu denken.

Position 3 Sie haben nicht viel zu melden und müssen froh sein, wenn Sie nicht schlichtweg übersehen werden. Aber Sie dürfen fragen und Ihre Wünsche und Nöte aussprechen.

Die Bedeutungen beim Liebesorakel

Position 1 Das Bild ist deutlich genug. Sie haben verloren. Sie sind draußen, und die anderen leben in der Wärme und haben es gut. Jetzt können Sie jammern oder der Sache auf den Grund gehen: wie groß ist Ihr Anteil an der Misere?

Position 2 Ihr Partner fühlt sich verloren. Sind Sie dafür verantwortlich, oder ist es seine eigene Geschichte, die er jetzt ausbadet? Wichtig ist, dass Sie nicht in Triumphgeheul ausbrechen. Reden Sie miteinander.

Position 3 Was ist geschehen, dass Ihre Liebe so erkaltet ist? Das Gute daran ist, dass Sie jetzt wieder aufeinander zugehen müssen.

Position 4 Ihre Liebe ist auf dem Nullpunkt, aber Sie spüren es nicht und machen sich etwas vor. Nur weiter so. Es gibt viele einsame Menschen.

Position 5 Manchmal muss man durch die Hölle, um wieder zueinander zu finden. Haben Sie Mut. Stellen Sie sich der Auseinandersetzung, auch wenn es sehr ungemütlich wird.

SECHS DER MÜNZEN

Ausgleich

EPILOG Wenn ich nichts habe, tröstet mich das Leben, darum teile ich, wenn ich im Überfluss lebe. Wenn ich mehr weiß, helfe ich dem anderen durch meinen Rat. Wenn ich stark bin, gebe ich von meiner Stärke ab. Wenn ich reich bin, gebe ich gerne von meinem Besitz. Wenn ich glücklich bin, lasse ich andere daran teilhaben. Bei allem, was ich tue, gehe ich behutsam und weise vor. Denn auch Großzügigkeit kann verletzen.

BILD Auf dem Bild sind drei Gestalten zu sehen. Der rot gekleidete Mann strahlt Wohlstand aus. Er verteilt Almosen. Die Waage in seiner Hand zeigt, dass er nicht zuviel, aber auch nicht zuwenig geben will. Das Rot seines Gewandes strahlt Lebenskraft, Willen und Erhabenheit aus. Die linke Figur versinnbildlicht, dass man lernen muss, um etwas zu bitten, die rechte, dass man lernen muss, zu warten. Alle Beteiligten gewinnen dazu. Der Knieende kann mit dem Geld Hunger und Durst stillen. Der Stehende bekommt das positive Gefühl, etwas Gutes getan zu haben. Und die dritte Gestalt lernt, geduldig zu sein.

DEUTUNG Die Sechs der Münzen steht häufig für ausgleichende Gerechtigkeit. Demjenigen, dem Unrecht geschehen ist, kündet die Karte Gerechtigkeit an. Und denjenigen, der selbst im Unrecht ist, erinnert sie an die ausgleichende Natur des Schicksals. Häufig weist sie auf ausgezeichnete finanzielle Nachrichten hin, wie etwa auf ein Erbe, ein großzügiges Geschenk, eine Gehaltserhöhung, schließt aber gleichzeitig die Empfehlung ein, gerne und großzügig zu teilen. In Liebesbeziehungen kennzeichnet sie eine Phase gegenseitigen Verstehens und der Toleranz, von Großzügigkeit und Freude über den Erfolg des Partners.

Die Bedeutung als Themenkarte

Was auf Sie zukommt, ist die Konsequenz dessen, was war. Entweder Sie müssen etwas abgeben (von Ihrem Geld, Ihrem Wissen, Ihrer Macht, Ihrer Güte) oder Sie bekommen etwas zurück. Jedenfalls wirkt die ausgleichende Gerechtigkeit. Von daher macht es wenig Sinn, sich zu beschweren, weil Sie zuwenig bekommen oder zuviel abgeben müssen.

Die Bedeutungen beim Karrierecheck

Position 1 Wägen Sie genau das Für und Wider ab und entscheiden Sie weise. Es kann sein, dass Sie in eine Situation kommen, in der es gilt, ein Unrecht wiedergutzumachen. Dabei ist es nicht wichtig, ob Sie selbst Schuld tragen. Es geht um ein höheres Spiel der Kräfte, in der das Übermaß weiß, dass es geben muss, um das Benachteiligte zu nähren.

Position 2 Zählen Sie Ihr Geld nicht, um herauszufinden, wieviel Sie haben, sondern wieviel Sie geben können. Das kann eine kleine Gabe an den nächsten Bettler oder eine großzügige Spende für Greenpeace sein. Wenn Sie jetzt nur ans Horten denken, werden Sie verlieren.

Position 3 Anstatt sich über die Konditionen in Ihrem Vertrag zu beschweren, sollten Sie im Moment davon ausgehen, dass Sie genau das bekommen, was Sie verdienen.

Die Bedeutungen beim Liebesorakel

Position 1 Alles spricht dafür, dass diese Liebe eine Fortsetzung aus einem früheren Leben ist. Zumindest ist sie eine Fortsetzung einer anderen Beziehungsgeschichte. Sie bekommen etwas zurück, was Sie verloren haben. Und Sie müssen etwas zurückgeben, was Sie genommen haben.

Position 2 Dieser Mann ist in Ihr Leben getreten, um an einer alten Geschichte wieder anzuknüpfen. Von daher ist er sehr wichtig für Ihr Schicksal und Ihr Leben. Aber es ist unklar, ob es auch Ihr Lebenspartner ist.

Position 3 Wenn Sie sich nicht bereits aus diesem Leben kennen, dann sind Sie sich aus einem früheren vertraut. Alles, was zwischen Ihnen geschieht, ist eine Folge der Vergangenheit.

Position 4 Ihre Liebe muss sich einer verborgenen, unbewussten Kraft unterwerfen. Sie können nichts tun, als das Schicksal annehmen und warten.

Position 5 Die Karte Sechs der Münzen erinnert Sie daran, dass alles, was ist, eine Folge dessen ist, was war. Ihre Liebe bekommt die Chance, altes Karma zu beenden und ohne Last in die Zukunft zu schreiten.

SIEBEN DER MÜNZEN

Ernte

EPILOG Nun habe ich alles getan und kann ruhen, bis zur Ernte. Wenn das Feld bestellt ist, habe ich meinen Teil getan, den Rest übenimmt die Natur. Wie ist es möglich, dass aus dem Samen eine Lilie wird? Welche Kräfte machen aus einer Pflanze einen Baum? Wenn ich still bin – sehr still bin –, dann spüre ich den Atem der Natur, wie alles wächst und von Leben erfüllt ist, ohne dass ICH etwas tue.

BILD Als sei er in stiller Andacht versunken, betrachtet ein junger Mann die Arbeit, die er geleistet hat. Nun gilt es zu warten, um nicht unreife Früchte zu ernten. Die Karte versinnbildlicht somit eine Zeit des Reifens und des Wartens. Die unterschiedlich farbige Fußbekleidung drückt aus, dass Wunsch und Wirklichkeit, Wille und Notwendigkeit zwei »verschiedene Paar Schuhe« sind und sich der menschliche Wille dem höheren Sein und Werden der Natur geduldig unterordnen muss. Auf dem Weinstock, der das Bestehende symbolisiert, sind sechs Münzen. Die Münze zu Füßen des Mannes steht für etwas Neues, für etwas, das hinzukommt. So darf mit einer Vermehrung gerechnet werden.

DEUTUNG Die Sieben der Münzen rät zum Warten. Worauf immer sie sich bezieht, man kann davon ausgehen, dass die Dinge reifen und zu einem positiven Ende gelangen. Die Karte ist aber auch eine Mahnung, die eigene Ungeduld zu bezähmen. Manchmal verkündet sie auch Ernte beziehungsweise den glücklichen Ausgang einer Angelegenheit, die irgendwann früher begonnen wurde. In Liebesbeziehungen steht sie für ein langsames, beständiges Wachstum, verbunden mit einer erfreulichen Entwicklung. Sie fordert dazu auf, nichts zu überstürzen. Die Karte kann auch für eine Schwangerschaft stehen.

Die Bedeutung als Themenkarte

Stellen Sie sich vor, Sie seien eine Gärtnerin, deren einzige Aufgabe die Pflege eines Weinstocks ist. Was könnten Sie anderes tun, als ihn zu gießen, die Erde zu lockern und zu warten, bis die Reben reif sind? Üben Sie sich in Geduld, entspannen Sie sich, meditieren Sie und wünschen Sie Ihrem Tun ein gutes Gelingen.

Die Bedeutungen beim Karrierecheck

Position 1 Glauben Sie, eine Pflanze wüchse schneller, wenn man sie an den Blättern zieht? Genauso ist es bei Ihnen. Sie haben alles getan. Jedes Mehr ist nicht nur umsonst, sondern sogar schädlich. Ihr Wirken benötigt Zeit, Geduld, Beobachtung und Pflege. Entspannen Sie sich und richten Sie Ihre Gedanken auf ein gutes Gelingen und eine reichliche Ernte.

Position 2 Lassen Sie Ihr Geld ruhen und unternehmen Sie nichts. Ihre finanzielle Situation wird sich verbessern, aber sie folgt dabei eigenen Gesetzen, die Sie nicht beeinflussen und schon gar nicht beschleunigen können.

Position 3 Abwarten, Tee trinken und nichts unterschreiben. Sie müssen warten, bis die richtige Zeit gekommen ist, um Verbindlichkeiten einzugehen.

Die Bedeutungen beim Liebesorakel

Position 1 Sie brauchen Geduld, Geduld und nochmals Geduld. Auch wenn es Sie fast zerreißt, greifen Sie nicht zum Telefon und schreiben Sie keine E-mail. Machen Sie einen großen Bogen, um die Orte, wo Sie ihm begegnen könnten.

Position 2 Ihr Partner braucht Geduld. Der Same der Liebe ist in ihn gelegt. Jetzt braucht es Zeit. Drängen Sie ihn nicht, Sie würden ihn damit nur erschrecken und zum Rückzug bringen.

Position 3 Etwas Wunderbares geschieht mit Ihrer Liebe. Sie wächst, sie blüht, und irgendwann wird sie Früchte bringen. Aber vielleicht ist das Ganze ja auch viel einfacher und Sie bekommen ein Kind.

Position 4 Sie bremsen sich selbst. Sie haben kein Vertrauen. Sie befinden sich in einem Stadium zwischen Abwarten und die Initiative ergreifen. Das ist nervig und zermürbend. Jetzt müssen Sie erst einmal gut zu sich selber sein.

Position 5 Sie haben alles probiert, jetzt hilft nur noch warten. »Die besten Dinge geschehen, wenn man nichts tut« lautet ein altes japanisches Sprichwort.

ACHT DER MÜNZEN

Fleiß

EPILOG Es gibt Zeiten der Stille, der Entspannung und der Erholung, und es gibt Phasen, in denen ich alle meine Energien einbringen muss, um die Dinge voranzutreiben. Mein Weg ist manchmal schwer und verlangt mühsames und fleißiges Arbeiten. Was mir hilft, sind Übung und Routine. Am wichtigsten aber ist es, mich auf die Arbeit zu konzentrieren und ihr zu dienen.

BILD Ein junger Handwerker arbeitet an einer goldenen Scheibe. Seine Haltung ist konzentriert, und er macht einen zufriedenen Eindruck. Er meißelt den Stern in die Münze, ein Sinnbild dafür, dass er das eigene Schicksal prägt, also sein Leben aktiv gestaltet. Dass er stolz ist auf das, was er geschaffen hat, zeigen die Münzen, die er an seiner Wand zur Schau stellt. Die Ziffer Acht ist ein Zeichen für Unendlichkeit und weist auf die immer wiederkehrenden Lebenszyklen hin. Im Zusammenhang mit dem Erdelement, das die Münzen repräsentieren, bedeutet die Acht, dass Bewusstsein aus beständigem Tun folgt oder dass Arbeiten das Bewusstsein transformiert. Die roten Schuhe und Strümpfe signalisieren Lebenskraft und den Willen, seinen eigenen Weg zu gehen.

DEUTUNG Die Acht der Münzen zeigt ein aussichtsreiches Wirken und Aufgaben, die anstehen und mit Fleiß und Ausdauer angegangen werden sollen. Sie steht auch für eine glückliche Zukunft, weil sich alles so weiterentwickelt, wie es begonnen wurde. Im Beruf- und Geschäftsleben kennzeichnet die Acht der Münzen eine arbeitsame Phase, verweist auf Pflicht und Routine und steht für Erfahrung und Wissen. Im Beziehungsleben steht die Karte für eine Phase des Miteinanders, das auf Routine und Selbstverständlichkeit beruht. Gelegentlich weist die Karte auch darauf hin, dass die Liebe von zu vielen und starren Gewohnheiten bestimmt ist.

Die Bedeutung als Themenkarte

Bringen Sie alles ins Spiel, was Sie können. Jetzt sind Ihre Erfahrung, Ihr Wissen, Ihre Routine gefragt. Fragen Sie nicht, was dabei herauskommt, tun Sie einfach, was von Ihnen verlangt wird. Die Lorbeeren, um die es diesmal geht, müssen Sie sich erst selber verdienen. Niemand krönt Sie. Es gibt keinen roten Teppich und keine Fanfarenstöße. Selbst ist die Frau.

Die Bedeutungen beim Karrierecheck

Position 1 Scheuen Sie keine Mühe, zählen Sie nicht Ihre Überstunden, arbeiten Sie auf Teufel komm raus. Ihr Geschäft wächst in dem Maße, wie Sie sich bemühen. Sie sind Ihres eigenen Glückes Schmied.

Position 2 Sie sitzen auf einer Goldader. Was Ihre Hände anfassen, was Ihre grauen Zellen spinnen, wird zu Geld. Scheuen Sie daher keine Mühe, verschieben Sie Ihren Urlaub und den Feierabend. Stellen Sie Ihr Bett notfalls ins Büro und lassen Sie Ihr Telefon keinen Augenblick unbewacht.

Position 3 Jetzt ist der richtige Moment, um an Verträgen und Formulierungen zu feilen. Beachten Sie vor allem das Kleingedruckte und seien Sie spitzfindig wie ein Fuchs. Lassen Sie keine Möglichkeit außer Acht.

Die Bedeutungen beim Liebesorakel

Position 1 Ihre Liebe besteht aus dem, was Sie für Ihren Partner tun. Sie setzt sich zusammen aus all den Komplimenten, Zärtlichkeiten, dem Strauß Rosen und dem Frühstück, dass Sie ihm ans Bett bringen. Und je mehr Sie tun, umso mehr kommt zurück.

Position 2 Ihr Partner schmiedet an Ihrem gemeinsamen Liebesglück. Er will mehr, als eine flüchtige Beziehung. Er will mit Ihnen gemeinsam wachsen und etwas Großes hervorbringen.

Position 3 Ihre Liebe ist gesegnet. Durch Ihr gemeinsames Wirken wird sie bedeutungsvoll und wichtig. Sie werden Ansehen und Ehre finden, was allen zuteil wird, die zu Ihnen gehören.

Position 4 Sie nutzen nicht alle Ressourcen Ihrer Liebe. Sie haben Angst, weiter zu wachsen. Sie haben Angst vor dem Glück. Fragen Sie sich, worauf diese Angst beruhen könnte?

Position 5 Wenn es weitergehen soll, dürfen Sie mit Ihrem Einsatz nicht knausern. Arbeiten Sie am Glück. Arbeiten Sie an Ihrer Liebe.

NEUN DER MÜNZEN

Wunder

EPILOG Meine Mühen haben sich gelohnt, der Erfolg krönt mich. Ich lebe an einem magischen Ort, begegne glücklichen Menschen und finde mich selbst schön und vollendet. Alles, was ich in mein Leben eingebracht habe, meine Arbeit, meine Mühe, mein Verständnis und die Güte meines Herzens, hat mir eine reiche Seele eingebracht. Jetzt ist nichts mehr zu tun, als das Leben zu genießen und zu feiern, wie ein Vogel, der sein Lied singt aus reiner Lust an der Freude.

BILD Eine junge Frau steht prächtig gewandet in einer paradiesischen Landschaft mit einem Weinberg und hält einen Falken auf der Hand. Weinberge gelten von alters her als Symbol für harte Arbeit und die Trauben für den Lohn dieser Mühe. Wein bedeutet nach antiker Tradition dionysischer Genuss und apollinische Freude. Die geneigte Kopfhaltung der Gestalt zeigt die bewusste Zuneigung zu sich selbst, zu seinem Schicksal, zur aktuellen Lebenslage sowie zu den Höhenflügen des Geistes und zur Ekstase der Sinne. Der Falke zeigt eine Jagdpause an.

DEUTUNG Die Neun der Münzen gilt traditionell als Glückskarte. Sie verweist auf Überraschung und Glück. Man darf bei dieser Karte immer mit einem Wunder rechnen. Sie erinnert aber auch daran, die Augen zu öffnen und das Wunder jedes einzelnen Augenblicks zu erkennen. Häufig kündet sie überraschenden materiellen Gewinn oder andere Glücksfälle an. Sie steht für eine Phase der Zufriedenheit, des Wohlbefindens und des Erfolgs. Das Schönste dabei ist, dass man sich nicht anstrengen muss, dass sich alles von selbst ergibt. In der Liebe verheißt sie glückliche Zeiten in einer bestehenden Beziehung oder eine neue »gute Partie«.

Die Bedeutung als Themenkarte

Jetzt kommt der Lohn für Ihre Mühe. Diese Karte verkündet immer ein gutes Schicksal. Auf Ihrer Lebensreise haben Sie genug Pluspunkte gesammelt, um jetzt Erfolg, Ansehen und vielleicht sogar Ruhm zu ernten. Auf der anderen Seite verweist die Karte direkt darauf, sich über die Dinge, die man vom Leben bekommt, zu freuen und sie als Geschenk zu nehmen.

Die Bedeutungen beim Karrierecheck

Position 1 Ihrem beruflichen Erfolgsstreben ist eine anhaltende Glücksphase beschieden. Sie bekommen Angebote, Ihr Geschäft floriert, Sie machen sich in Ihrer Branche einen Namen, – kurz: Sie schwimmen auf einer Welle des Erfolgs. Und das Schönste: Sie müssen sich nicht einmal groß anstrengen. Alles geschieht wie von selbst.

Position 2 Geht es nach dem Tarot, dann regnet es bald Geld. Sie bekommen mehr Aufträge, neue Kunden und viele Klienten.

Position 3 Es gibt kaum eine bessere Karte für Absprachen. Vertrauen Sie, auch wenn das Ganze Ihrer Meinung nach nicht perfekt scheint. Es winkt bestimmt ein Happy End.

Die Bedeutungen beim Liebesorakel

Position 1 Wunder kommen von »sich wundern«. Ihre Liebe ist so schön und so groß, wie Sie es zulassen.

Position 2 Er ist ein Freund, ein Seelenverwandter, ein geistiger Bruder, der Ihnen da entgegenkommt. Verwechseln Sie ihn nur nicht mit Ihrem Liebhaber. Das würde unweigerlich in einer Enttäuschung enden.

Position 3 Das ist eine große Liebe. Die Neun der Münzen erhebt sie, macht etwas ganz besonderes aus ihr. Aber vergessen Sie nicht, Sie und Ihr Partner sind verbunden durch ein geistiges Band und nicht durch das Ihrer Herzen.

Position 4 Vielleicht betonen Sie zu sehr das Körperliche, kultivieren zu stark den Sex. Jedenfalls geht es jetzt darum, einen Weg zu finden, sich als freie und selbständige Wesen zu lieben.

Position 5 Ihre Liebe erreicht ihren Gipfel: Zwei Menschen, die sich gegenseitig achten und schätzen und trotzdem nicht abhängig voneinander sind.

ZEHN DER MÜNZEN

Vollendung

EPILOG Ich bin angekommen. Was auch immer mein Ziel war, jetzt bin ich da, die Reise ist vorbei. Ich war auf der Suche nach Familienglück. Ich suchte nach Menschen, die mich verstehen und mich ein Stück des Weges begleiten. Ich suchte nach Abenteuer, nach Liebe, nach Reichtum und nach Geld. Das alles habe ich gefunden – und zwar in mir: Ich selbst bin das Ziel meiner Reise durch die Ewigkeit der Zeit, und der Fünfstern ist das Symbol meiner Suche – und meines Ziels. Ich habe mich vollendet.

BILD Die Karte ist so reich an Farben, Formen und Symbolik, wie kaum eine andere. Die zehn Münzen verkörpern die zehn Stationen des kabalistischen Lebensbaumes, der Ganzheit und Vollendung bedeutet. Es fehlen bei der Darstellung allerdings die Zweige, die die einzelnen Stationen verbinden. Dies repräsentiert auf der einen Seite die Individualität, wirft aber auch die Frage auf, ob die verschiedenen Kräfte und Personen des Bildes, Frau, Mann, Kinder und Greis, miteinander kommunizieren oder unverbunden, also beziehungslos, nebeneinander stehen. Der Torbogen und das Haus im Hintergrund können Geborgenheit oder auch Abschottung als Formen des Zusammenlebens bedeuten. Die Waage auf dem unteren Wappen des Tores symbolisiert die Ausgewogenheit von Geben und Nehmen. Das Meer und der Sturm am linken Bildrand erinnern an die Stürme des Lebens, die es auf dem Weg zur Vollendung durchzustehen gilt.

DEUTUNG Die Zehn der Münzen drückt eine Phase von Üppigkeit, Reichtum und unbeschwertem Dasein im Kreise wohlgesonnener Menschen aus. Das kann die eigene Familie sein, nahe Freunde oder eine Wohngemeinschaft. Das kann aber auch eine Glaubensgemeinschaft, eine therapeutische Gruppe, ein Club, ein Verein oder der Kreis von Arbeitskollegen sein. Manchmal spiegelt die Zehn der Münzen auch den Wunsch wider, in einer offenen Gemeinschaft zu leben. Sie betont immer die Bedeutung mehrerer Individuen, die sich gegenseitig auf ihrer geistigen Suche unterstützen.

Die Bedeutung als Themenkarte

Das Glück steht Ihnen zur Seite. Rechnen Sie mit freundlichen, Ihnen wohlgesonnenen Menschen. Aber auch Sie sollen offen sein für Ihre Mitmenschen. Es geht darum, sich als größeres Ganzes zu verstehen und nicht als einzelnes Ego. Die Karte verkündet auch den Lohn für eine Arbeit. Und manchmal steht sie für ein Wunder, das einem passiert.

Die Bedeutungen beim Karrierecheck

Position 1 Ihre Entscheidungen und Handlungen sind gut. Sie werden auf eine Gruppe von Menschen verwiesen, Arbeitskollegen, ein Team. Wichtig ist, dass Sie sich einfügen, ohne Ihre Individualität und Kreativität zu unterdrücken. Je besser die Teamarbeit klappt, umso erfolgreicher werden Sie sein.

Position 2 Sie sollten Ihr Geld richtig anlegen. Dabei zählen nicht Profit oder Dividende, sondern das, was dem Leben einen Sinn verleiht und es weiterträgt.

Position 3 Alle Absprachen, Abmachungen und Vereinbarungen stehen unter zehn goldenen Sternen, die sich bald in goldene Münzen verwandeln werden.

Die Bedeutungen beim Liebesorakel

Position 1 Sie haben das gefunden, wovon jeder Mensch träumt, eine Liebe, die eine Gemeinschaft von Gleichgesinnten darstellt. Sie sind verbunden und dennoch frei.

Position 2 Dieser Partner bringt Glück in Ihr Leben. Und er lässt Sie an seinem Glück teilhaben. Jetzt müssen Sie nur wissen, dass Sie einen Freund gefunden haben und nicht einen Geliebten.

Position 3 Sie können zusammen unter einem Dach wohnen oder auf zwei verschiedenen Kontinenten leben. Sie lieben sich, Sie sind füreinander bestimmt. Aber: Sie sind kein Liebespaar im klassischen Sinne.

Position 4 Sie wollen Ihre Liebe mit Heirat und Kindern und versäumen dabei das Schönste: eine Freundschaft zwischen zwei verwandten Seelen.

Position 5 Ihre Liebe wächst und erreicht die höchste Stufe, die es gibt: zwei Menschen, die sich vertrauen, sich aus vielen Leben kennen und weiter zusammen gehen.

PAGE DER MÜNZEN

Freundschaft

EPILOG Ich komme aus dem Reich der Sterne, um in einer neuen irdischen Gestalt mein Karma zu erfüllen. Ich liebe das Leben, aber tief in meinem Innersten spüre ich die Sehnsucht, über das, was ist, hinauszugehen. Ich suche in allen Himmelsrichtungen und in historischen Schriften. Ich suche in alten Religionen und neuen Wissenschaften. Ich studiere die Sterne und befrage den Geist des Tarot. Überall erfahre ich immer wieder das Gleiche, dass ich loslassen und mich dem Fluss der Dinge hingeben muss.

BILD Als spiele er mit einem leuchtenden Ball, hält ein junger Mann seine Pentakelscheibe in beiden Händen und betrachtet sie völlig versunken. Er steht auf einer blühenden Blumenwiese. Sie drückt Freigiebigkeit, Wachstum, ungebrochene Lebensfreude, aber auch Erdverbundenheit aus. Die Farben seiner Kleidung sind Braun und Grün und stehen für Hoffnung, Sympathie und Fruchtbarkeit. Der rote Hut versinnbildlicht Lebenskraft und Willen. Im Hintergrund leuchten die blauen Berge des Glaubens und der Menschenliebe. Der braune Acker erinnert daran, dass man sein Feld bestellen muss, dass man nichts ernten kann, wenn man nicht vorher pflügt und sät. Der große gelbe Hintergrund steht für Klarheit, Licht, Erleuchtung.

DEUTUNG Der Page der Münzen kündet von Angeboten und Chancen. Als Bote des Erdelements sind dies handfeste und konkrete Vorschläge, die realisierbar sind. Häufig steht er für den Beginn einer neuen Arbeitsstelle. Die Karte kann auch auf Nachrichten verweisen, die dem eigenen Fortschritt nützlich sind und Entwicklungen günstig beeinflussen. Manchmal verkörpert der Page eine Person, die den Fragenden auf neue Wege führt oder auf neuen Wegen begleitet. In der Liebe reicht seine Bedeutung vom einmaligen sinnlichen Erlebnis bis hin zum Beginn einer großen Freundschaft.

Die Bedeutung als Themenkarte

Die Person, für die diese Karte aufgedeckt wird, ist jugendlich, unbeschwert, unter Umständen sogar leichtfertig und verspielt wie ein Kind. Sie ist geistig gewandt und fühlt sich dem Erdelement verpflichtet. Manchmal verkündet die Karte Geld, aber eher steht sie für geistigen Reichtum. Wird die Karte nicht für eine Person sondern eine bestimmte Angelegenheit, ein Thema oder ein Ereignis aufgedeckt, so verweist sie dennoch auf einen Menschen mit dem zuvor beschriebenen Charakter, der im Rahmen des Themas eine wichtige Rolle spielt.

Die Bedeutungen beim Karrierecheck

Position 1 Es erwarten Sie gute Nachrichten. Sie werden allerdings auch aufgefordert, zuzuhören und jetzt nicht blind weiterzuwerkeln. Wichtig ist, dass Sie informiert sind. Unter Umständen heißt es sogar, noch etwas dazuzulernen.

Position 2 Sie haben einen gründlichen und fundierten Umgang mit Geld. Und Sie wissen, dass Geld nicht das Wichtigste ist im Leben.

Position 3 Ihre Abmachungen stehen unter einem guten Stern. Glück und Erfolg sind Ihnen sicher.

Die Bedeutungen beim Liebesorakel

Position 1 Die Karte signalisiert eine gute Nachricht, einen Brief oder eine E-mail aus dem Reich der Liebe. Und trotzdem handelt es sich nicht um eine reine Herzensangelegenheit. Sie suchen eher einen Freund als einen Geliebten.

Position 2 Dieser Mann ist Ihnen zugeneigt. Sie sind seine seelische Schwester, sein Stern, der ihn anzieht und glücklich macht. Mit diesem Mann können Sie philosophieren, verreisen, zusammenarbeiten und gemeinsam meditieren. Ob er auch Ihr Geliebter ist, steht auf einem anderen Blatt.

Position 3 Vielleicht erwarten Sie ein Kind. Viel wahrscheinlicher aber ist, dass »Ihr Kind« eine gemeinsame Aufgabe, eine Reise oder ein anderes Vorhaben darstellt.

Position 4 Sie hängen zu sehr am Sex und am Körperlichen, und Sie wehren sich dagegen, zu wachsen. Deswegen stagniert Ihre Liebe.

Position 5 Ihre Liebe findet eine neue Ebene. Sie werden schon bald gemeinsam etwas unternehmen, was Sie einander näherbringt.

RITTER DER MÜNZEN

Einklang

EPILOG Ich mache mich auf die Suche nach der Wahrheit. Wie Parzival suche ich den Heiligen Gral. Meine Pentakelmünze hilft mir dabei, den richtigen Weg zu finden. Mein Pferd, das kräftig ist wie der Ostwind, trägt mich ruhig und sicher in die Welt hinaus. Mein Ziel ist das Land der Morgensonne. Wie Hermann Hesses Siddharta und Goldmund will ich meiner inneren Stimme bis zur Erlösung folgen.

BILD Ein junger Ritter sitzt in ruhiger, gelassener Haltung auf seinem Pferd. Prüfend betrachtet er die Gegend und seinen Stern, um Gewissheit zu bekommen, welchen Weg er einschlagen soll. Sein offenes Visier zeigt, dass er sich nicht bedroht fühlt und den Dingen offen entgegenblickt, die auf ihn zukommen. Das Pferd als Symbol für Bewegung strahlt Ruhe und Kraft aus und vermittelt den Eindruck, dass es seinen Reiter sicher und ohne zu scheuen ans Ziel bringt. Sein Weg führt den Ritter über grüne Wiesen, die für Natur, Wachstum und Hoffnung stehen, vorbei an gepflügten Feldern. Beides versinnbildlicht die Verbundenheit des Ritters mit dem Erdelement. Seine roten Kleidungsstücke und das rote Zaumzeug des Pferdes verdeutlichen seine Willens- und seine Lebenskraft.

DEUTUNG Die Karte Ritter der Münzen kennzeichnet Personen, die nach Wegen suchen, ihre Ideen, Träume und Vorstellungen in die Tat umzusetzen. Sie verkündet einen »Aufbruch zu neuen Ufern«. Alle Handlungen, Entscheidungen, Geschäfte, die man im Lichte dieser Karte tätigt, sind nicht hauptsächlich von materiellen Grundsätzen, sondern von höheren Idealen bestimmt. Es geht darum, dem Leben eine neue, sinnhafte Seite abzugewinnen. In Partnerfragen steht der Ritter der Münzen für einen vorwiegend geistigen Freund und Bruder. Für den Liebespartner signalisiert der Ritter der Münzen eine Verfeinerung der Beziehung, wenn etwa in einer vorwiegend erotischen Beziehung auch geistige und seelische Elemente eine Rolle zu spielen beginnen.

Die Bedeutung als Themenkarte

Die Person, für die die Karte aufgedeckt wird, ist ein absolut zuverlässiger und treuer Freund oder Kollege. Er ist mit dem Erdelement verbunden. Das heißt, dass er auch sachlich und sehr konkret sein kann. Aber sein Streben ist es, nicht am Materiellen zu haften. Wird die Karte nicht für eine Person, sondern eine bestimmte Angelegenheit, ein Thema oder ein Ereignis aufgedeckt, so verweist sie auch in diesem Fall auf einen Menschen mit den zuvor beschriebenen Charakterzügen, der im Rahmen des Themas eine wichtige Rolle spielt.

Die Bedeutungen beim Karrierecheck

Position 1 Benutzen Sie jetzt all Ihre Kraft. Nehmen Sie die Zügel in die Hand. Achten Sie auf Ihren Chef. Er erwartet absolute Ergebenheit und Treue.

Position 2 Sie lieben das Geld, weil es Ihnen ein schönes Leben erlaubt. Aber Sie würden nie des Geldes wegen Ihre Ideale verraten.

Position 3 Welche Abmachungen auch immer Sie treffen, sie stehen unter einem glücklichen Stern.

Die Bedeutungen beim Liebesorakel

Position 1 Das Glück trägt Sie. Sie leben eine Beziehung, die Sie bereichert und weiterbringt. Das Tarot sagt aber auch, dass Sie sich für diese Beziehung einsetzen sollen. Seien Sie der Ritter Ihrer Liebe.

Position 2 Dieser Mann folgt Ihnen bis ans Ende der Welt und ans Ende aller Tage. Aber er ist nicht Ihr Liebespartner.

Position 3 Ein Mann steht zwischen Ihnen. Er ist keine wirkliche Bedrohung für Ihre Liebe. Er wird erst zu einer Gefahr, wenn Sie ihn als Konkurrenten und nicht als Freund ansehen.

Position 4 Sie spielen falsch. Sie haben einen anderen Mann in der Hinterhand, den Sie eigentlich mehr begehren. Aber Sie stehen nicht zu Ihrem Gefühl. Und das macht die jetzige Beziehung so schwierig.

Position 5 Jemand setzt sich aufs Pferd und reitet davon. Aber es ist keine Trennung für immer. Man wird sich wiedersehen.

KÖNIGIN DER MÜNZEN

Klugheit

EPILOG Ich bin die Königin des Lichts und trage alle Erscheinungsformen der Frau in mir: Mutter, Ehefrau, Geliebte, Schwester. Ich nehme meine Weiblichkeit an, aber verliere mich nicht in ihr. Meine Nähe ist wohltuend. Die feinen Schwingungen meiner Seele schenken Ruhe und Frieden. Ich kann mich binden, aber auch wieder lösen. Ich gehe Freundschaften ein, kann aber auch genauso gut mit mir alleine sein. Ich liebe das Leben, aber ich weiß, dass das nicht alles ist.

BILD Ganz in sich versunken, mit der Münze auf dem Schoß als Zeichen ihrer eigenen Mitte, sitzt die Königin auf ihrem Thron. Ihr Herrscherstuhl steht in einer paradiesischen Natur mit Blumen, Früchten und Tieren. Das alles ist ein Ausdruck des Erdelements, dessen weibliche Seite sie verkörpert und vollendet. Ihr rotes Gewand und die roten Rosen, die sie umgeben, offenbaren Lebenskraft, Willen und die Fähigkeit, Liebe zu schenken. Ihr grüner Schleier drückt Fruchtbarkeit, Wachstum, ein besonderes Gespür für existenzielle Vorgänge und erdverbundene Sinnlichkeit aus.

DEUTUNG Die Königin der Münzen steht meist für eine Frau mit einem »guten Instinkt« für alles Erdhafte. Ihr fällt es leicht, die Anforderungen des Alltags zu meistern. Sie ist eine tüchtige und zuverlässige Haus- oder Geschäftsfrau, die mit beiden Beinen fest im Leben steht. Produktivität und Kreativität wurden ihr sozusagen in die Wiege gelegt. Weitere Pluspunkte sind Realitätssinn, Fruchtbarkeit, Sinnlichkeit, Beständigkeit, Fleiß und Ausdauer. Darüber hinaus verkörpert sie die Suche nach höheren Werten und steht für Phasen eines inneren Wachstumsprozesses, der durch Selbsterfahrung oder durch Meditation, Spiritualität oder eine Therapie ausgelöst werden kann. In der Partnerschaft steht sie für eine zuverlässige und treue Frau, die Wärme und Geborgenheit schenkt. Ihrer Natur nach ist sie aber nicht die Frau, die sich dem Mann unterordnet oder eigene Ansprüche zurückstellt. Sie wird ihre eigene Karriere mindestens genauso hoch achten, wie den Wunsch, Kinder zu bekommen. Die Königin der Münzen verkörpert eher die Freundin, die Lebensgefährtin, die Seelenverwandte und die Geschäftsfrau. Sie steht weniger für die Geliebte, den Sexpartner oder die »Herzensfrau«.

Die Bedeutung als Themenkarte

Die Person, für die die Karte aufgedeckt wird, ist erdverbunden. Das heißt, dass sie die Freuden des Lebens genießt. Sie ist sehr zuverlässig und praktisch und hängt nicht am Materiellen, sondern weiß um die Vergänglichkeit. Sie ist eine wundervolle Freundin und Lebensgefährtin. Besonders in schwierigen Situationen ist ihr Rat sehr bedeutend. Sie hat ein gütiges Herz. Wird die Karte nicht für eine Person, sondern für eine bestimmte Angelegenheit, ein Thema oder ein Ereignis aufgedeckt, so verweist sie auch in diesem Fall auf einen Menschen mit den zuvor beschriebenen Charakterzügen, der im Rahmen des Themas eine wichtige Rolle spielt.

Die Bedeutungen beim Karrierecheck

Position 1 Sie sind eine weise und bedachte Frau und suchen Einsicht, Wachstum und Selbsterfüllung. Ihr berufliches Wirken ist sinnvoll und erfolgreich. Sie sind eine Frau, die anderen auf Grund ihrer Lebenserfahrung Sicherheit schenkt.

Position 2 Sie besitzen ein ausgesprochen positives und sachliches Verhältnis zu Geld und Wohlstand. Man kann Ihnen völlig vertrauen. Sie sind hundertprozentig zuverlässig.

Position 3 Alles ist bestens. Die Person, für die die Königin der Münzen steht, ist über jeden Zweifel erhaben. Sie ist eine Garantie dafür, dass Abmachungen eingehalten werden.

Die Bedeutungen beim Liebesorakel

Position 1 Sie sind eine glückliche Frau, tragen das Herz am rechten Fleck, geben gerne und sind eine wundervolle Lebensgefährtin. Aber Sie sind kein »süßes Schnuckelchen« und kein »sexy Mäuschen«. Überhaupt halten Sie Sex zwar für wichtig, aber nicht für das Wichtigste.

Position 2 Ihr Partner denkt an eine andere Frau. Es kann eine frühere Freundin sein oder eine Frau, für die er jetzt schwärmt. Sie ist weniger seine Geliebte, als seine Freundin.

Position 3 Eine Frau steht zwischen Ihnen und Ihrem Partner. Sehen Sie darin aber nicht gleich eine Bedrohung. Es ist eher eine Freundin und keine Geliebte.

Position 4 Es gibt eine Frau, die Ihren Mann beschäftigt. Das Problem ist, dass nicht darüber gesprochen wird.

Position 5 Sie verändern sich, Sie durchleben eine Wandlung. Sie werden selbständiger und unabhängiger von Ihrem Partner.

KÖNIG DER MÜNZEN

Weisheit

EPILOG Ich kenne das Leben und die Menschen. Ich bin klug und weise. Ich nehme nichts zu wichtig und am allerwenigsten mich selbst. Ich schaue hinter die Oberfläche und suche die Tiefe und die Unvergänglichkeit. Ich bin der König des Lichts. Mein Element ist die Erde und meine Planeten sind Saturn, der Hüter der Wirklichkeit, und die transsaturnischen Gestirne Uranus, der Verwandler, und Neptun, der Erlöser.

BILD Der Stern-König sitzt in sich ruhend auf seinem Herrschersitz. Er selbst und seine Umgebung wirken prächtig und sind übervoll. Sein Königsmantel scheint aus Weinlaub geflochten zu sein, an dem üppige Trauben hängen. Schon von alters her galt der Weinstock als Symbol für harte Arbeit und Trauben als Sinnbild für Ernte, Genuss, dionysische Freuden. Die Stierköpfe, mit denen der Thron geschmückt ist, verweisen auf das astrologische Sternzeichen Stier, das als besonders fruchtbar und sinnlich gilt. Die Burg im Hintergrund steht für Geborgenheit und Reichtum.

DEUTUNG Der König der Münzen verkörpert und vollendet die männliche Seite des Erdelements. Er steht für das Streben nach Wohlstand, Besitz und Reichtum, doch gelten sie ihm nicht als die wichtigsten Werte im Leben. Er ist mit seinem angeborenen Instinkt für gute Geschäfte und gewinnbringende, erfolgversprechende Vorhaben zwar geradezu prädestiniert, materielle Güter zu schaffen, doch würde er dafür niemals seine Ideale verraten. Häufig steht die Karte für einen väterlichen Freund, einen weisen Mann, einen Meister. In Partnerschaftsfragen verweist der König der Münzen auf eine freundschaftliche Beziehungsebene. Sexualität und Erotik spielen für ihn keine zentrale Rolle; es geht ihm eher um einen geistigen Austausch oder um eine Verbindung, aus der beide Partner schöpfen und sich entwickeln können.

Die Bedeutung als Themenkarte

Die Person, für die diese Karte aufgedeckt wird, ist ein Mann, der mit beiden Beinen fest auf der Erde steht. Trotzdem hängt er nicht am Materiellen, sondern weiß über die Vergänglichkeit von »Haben und Sein«. Er ist ein väterlicher Freund, ein guter Geschäftspartner, ein treuer Lebenspartner und ein weiser Ratgeber.

Die Bedeutungen beim Karrierecheck

Position 1 Der Mann, für den die Karte aufgedeckt wird, ist eine geborene Autorität, ein weiser Boss, ein Mann, auf den man sich verlassen kann. Er nimmt seine Arbeit wichtig, aber wird sich nie in ihr verlieren.

Position 2 Der König der Münzen verkörpert den Mann, der reich ist und dennoch im Reichtum nicht das wichtigste Ziel seines Lebens erkennt.

Position 3 Alles ist bestens. Auf den Menschen, für den die Karte König der Münzen steht, kann man sich völlig verlassen.

Die Bedeutungen beim Liebesorakel

Position 1 Entweder Sie wünschen sich, dass Ihr Partner dem König der Münzen ähnelt, oder Sie hängen an einem anderen Mann, der so ist wie dieser König. Im zweiten Fall müssen Sie sich entscheiden, wem Sie Ihre Herzensliebe schenken.

Position 2 Ihr Partner ähnelt einem König. Er ist weise und gelassen. Er ist ein treuer Freund und kann Ihnen gute Ratschläge geben. Aber er ist kein ausgesprochen emotionaler Typ.

Position 3 Ein Mann steht zwischen Ihnen und Ihrem Partner. Es kann ein früherer Geliebter von Ihnen, aber auch Ihr Vater sein. In jedem Fall müssen Sie sich klar werden, ob dieser Mann Ihre Beziehung bereichert oder ob er sie stört.

Position 4 Sie tragen einen Mann in Ihrem Herzen, den Sie nicht loslassen, dem Sie aber auch nicht folgen. Das stört Ihre jetzige Beziehung.

Position 5 Ihr Mann entwickelt sich, er wird freier und unabhängiger. Aber er wird weiterhin zu Ihnen stehen.

Beispiele

Grundsätzliches zur Deutung und Interpretation

Das Tarot ist ein Orakel. Und wie bei jedem Orakel sind die Antworten meistens verschlüsselt. Man muss sie interpretieren, umdeuten, auf die gestellt Frage beziehen. Man darf auch die hier im Buch gegebenen Antworten nicht zu wörtlich nehmen. Es muss Raum bleiben für ahnungsvolles Spüren. Es gilt, die Karte wie einen magischen Spiegel zu handhaben, in dem man sich selbst erkennen und die gestellten Fragen in einem neuen Licht sehen kann. Versteht man die Antwort nicht sofort oder macht sie keinen rechten Sinn, muss man wie bei einem Rätsel vorgehen, in sich hineinhören, assoziativ denken oder warten, bis die Intuition einen weiteren Hinweis gibt. Unter Umständen kann man zum besseren Verständnis auch noch eine weitere Karte aufdecken.

Beispiele zur Themenkarte

Carmen ist eine 23-jährige Frau. Sie lebt in der Stadt. Eine Freundin, die auf einem Bauernhof wohnt, lädt sie ein, das Wochenende mit ihr auf dem Lande zu verbringen. Carmen hat sich aber bereits mit einer anderen Freundin für einen Abend in einer Discothek verabredet. Jetzt weiß sie nicht, was sie machen soll, und sie fragt das Tarot mit Hilfe der Methode der Themenkarte.
Sie mischt die Karten, breitet sie im Halbkreis aus, konzentriert sich auf die Frage:

»Was bringt mir das Wochenende auf dem Bauernhof?« und sucht dann durch ahnungsvolles Berühren, während sie die Frage immer wieder leise zu sich spricht, eine Karte aus und dreht sie um.
Es ist die Karte der Sonne (XIX). Diese Antwort des Tarot spricht für sich, ist doch das Bild mit den Darstellungen der Sonne, der Sonnenblumen und dem Kind auf dem Pferd so etwas wie ein wunderschöner »Zustandsbericht« über das Leben auf dem Lande. Carmen entschließt sich daher, aufs Land zu fahren.
Sicherheitshalber befragt Carmen das Tarot auch über die zweite Alternative, also das Wochenende in der Stadt zu verbringen. Zu diesem Zweck lässt sie die ausgebreiteten

Karten von der ersten Befragung so liegen wie sie sind und konzentriert sich auf die neue Frage: »Was sagt das Tarot dazu, wenn ich in der Stadt bleibe und mit meiner Freundin eine Nacht in der Disco durch tanze?«
Für das Thema »Stadt und Disco« zieht sie die Karte Drei der Schwerter, das bedeutet Kummer. Sie liest den entsprechenden Text: »Eine schwierige Situation steht an. Ent-

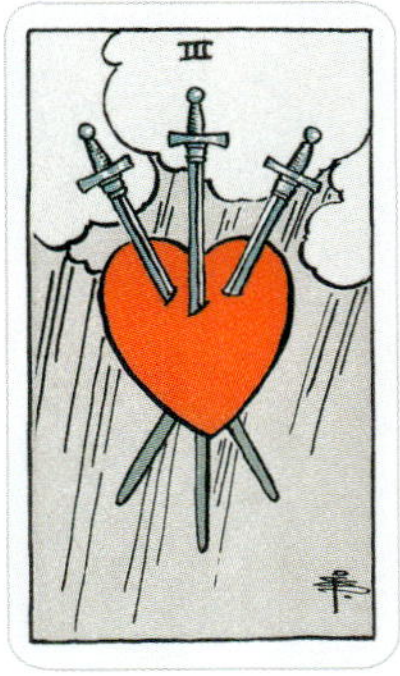

weder taucht etwas aus der Vergangenheit auf, das Ihnen Schmerzen bereitet, oder Sie erleben eine erneute Demütigung oder Verletzung.« Das bestärkt endgültig ihren Beschluss, das Wochenende auf dem Land zu verbringen.
Mit Hilfe der Themenkarte kann man also grundsätzlich jedes Thema angehen. Es spielt keine Rolle, ob es sich um eine Person, ein Ereignis, ein Thema aus dem Privatbereich oder aus dem Berufsleben handelt. Man kann auch, wie das obige Beispiel zeigt, zu mehreren Themenkomplexen jeweils eine Karte ziehen und gegebenenfalls die einzelnen Karten miteinander vergleichen.
Auf diese Weise lässt sich auch eine Karte für den ganzen Tag, eine Nacht, eine Urlaubswoche oder – z. B. in der Neujahrsnacht – für ein ganzes Jahr bestimmen.
Die Karte für einen Tag nennt man »Tageskarte«. Man bestimmt diese Karte morgens, gleich nach dem Aufwachen. Man verwendet dabei nur die Karten des Großen Arkanums, so nennt man die 22 Hauptkarten des Tarot. Sie sind daran zu erkennen, dass sie oben eine römische Ziffer und unten einen Namen tragen, also zum Beispiel XIII, Tod.
Man nimmt also aus dem gesamten Kartendeck diese 22 Karten heraus und geht dann weiter so vor, wie es zum Finden der Themenkarte beschrieben wurde.
Die aufgedeckte Karte soll eine Art Leitmotiv für den ganzen Tag sein. Die Ereignisse des Tages werden im Lichte dieser Karte betrachtet. Man entdeckt, wie der Geist des Tarot den Tag mitbestimmt: man zieht den Turm der Zerstörung (Karte XVI) und erfährt, wie der Tag auf seltsame Weise misslingt, man deckt die Sonne (Karte IXX) auf, und der Tag wird heiter und gelassen.
Als Beispiel zwei Ausschnitte von Tagebuchaufzeichnungen über Erfahrungen mit der Tageskarte:
»Für heute, Montag, decke ich die Karte des Mondes (XVIII) auf. Ich finde, das passt gut, denn der Montag wird ja auch in der Astrologie vom Mond regiert. Obendrein steht, als ich morgens aus dem Haus gehe, die abnehmende Mondsichel noch klar am morgendlichen Himmel. Im Büro vergesse ich den Mond erst mal. Die Mittagspause

verbringe ich mit einer Kollegin. Sie erzählt mir, schwanger zu sein ... Wieder ein Erlebnis, das zur Mondkarte passt ...«.

»Heute morgen habe ich die Karte des Teufels als Tageskarte gezogen. Eigenartig, wie die Karte meine Wahrnehmung beeinflusst. Ich stellte mir die Menschen vor, als würden sie mit einer Art Teufelsfratze herumlaufen. Das passte. Als ich meinen Chef am Telefon beobachtete, wie er schmeichelnd mit einem Kunden verhandelte, dachte ich an den Leibhaftigen, der in ihm stecken muss, wenn er so gut schleimen kann. Kurz darauf packte mich der Teufel selbst. Ein Kollege zog einen dicken Brocken an Land, Wertanlagen über 300.000 DM. Ich merkte, wie ich in der Hölle schmorte – stinkeifersüchtig wurde ...«.

Beispiel Karrierecheck

Das Beispiel stammt von einer Frau, die das Tarot befragt, um ihre berufliche Situation zu erörtern. Sie ist Sekretärin und in diesem Beruf sehr unerfüllt.
Sie bestimmt folgende drei Karten:

Position 1
Königin der Kelche

Position 2
Acht der Schwerter

Position 3
Königin der Stäbe

Die erste Karte (**Position 1**), die Königin der Kelche, weist darauf hin, dass die Frau gerne einen Beruf ergreifen würde, in dem sie mehr ihre weibliche, die intuitive und gebende Seite verwirklichen könnte. Tatsächlich trägt sich die Frau mit dem Gedanken, den Beruf einer Heilpraktikerin zu ergreifen. Das Tarot würde diesen Wunsch unterstützen und ihr raten, diesen Weg zu gehen.
Die zweite Karte (**Position 2**), die Acht der Schwerter, steht für ihre finanzielle Situation. Diese Antwort des Tarot kann man als die Angst der Frau sehen, ihren momentanen Beruf und die damit verbundene Sicherheit aufzugeben. Die Karte sagt aber auch, dass diese Angst eher ein Alptraum als eine wirkliche Bedrohung darstellt.
Die dritte Karte (**Position 3**), die für Entscheidungen, Abmachungen und Verträge steht, ist die Königin der Stäbe. Man kann die Karte als Aufforderung an die Frau sehen, ihr Schicksal selbst in die Hand zu nehmen und ihr Vorhaben trotz ihrer großen Angst zu verwirklichen.

Beispiel Liebesorakel

Folgende fünf Karten wurden beim Liebesorakel von einer Frau (Tanja) aufgedeckt.

Position 1: XVII, DER STERN
Position 2: ZWEI DER SCHWERTER
Position 3: VIII, KRAFT
Position 4: PAGE DER MÜNZEN
Position 5: ZEHN DER KELCHE

Tanja lebt seit langem alleine. Über ein Zeitungsinserat hat sie einen Mann kennengelernt. Sein Name ist Philip. Tanja und Philip treffen sich. Es kommt zu Zärtlichkeiten und der ersten Nacht. Tanja verliebt sich in Philip und möchte mit ihm eine feste Beziehung eingehen. Sie denkt sogar daran, eine Familie mit Kindern zu gründen. Philip ist aber nicht richtig frei. Er hat zwar gerade ein Verhältnis mit einer Frau been-

det, hat aber, weil er »zum Abschied« noch eine Nacht mit jener Frau verbrachte, ein Kind gezeugt. Nach der Geburt dieses Kindes ist die Mutter voller Hass gegen Philip, weil er sie verlassen hat. Philip fühlt sich, wie er sagt, unter diesen Umständen nicht frei für eine neue, feste Beziehung. Tanja befragt das Tarot mit Hilfe des Liebesorakels über ihre Beziehung zu Philip.

Die Karte auf **Position 1** steht für Tanja in dieser Beziehung. Es ist die Sternkarte (XVII). Die Karte in dieser Position besagt, dass sich Tanja völlig erfüllt und glücklich in dieser Beziehung erlebt. »Ich liebe diesen Mann und möchte ihn haben!« So klar und eindeutig fasst sie das auch in eigene Worte.

Die Karte auf **Position 2** steht für den Partner, also für Philip. Es ist die Zwei der Schwerter. Die Antwort des Orakels ist eindeutig. Das Tarot sagt, dass Philip hilflos ist. Er entzieht sich und lässt Tanja damit in einer schwierigen Situation. Eigentlich müsste sie jetzt die Entscheidung treffen.

Die Karte auf **Position 3** sagt etwas über die Liebe zwischen den beiden aus. Die Karte Kraft (VIII) beschreibt anschaulich die sexuelle Attraktivität und Lust zwischen Philip und Tanja. Sie ist eine Bestätigung dafür, dass die beiden in sexueller Hinsicht ein harmonisches Verhältnis haben.

Die Karte auf **Position 4** steht für Behinderungen, Probleme und Hürden. Der Page der Münzen bedeutet in dieser Position zweierlei. Zum einen ist damit das Kind aus der anderen Beziehung von Philip gemeint. Denn dieser Mann kann sich ja nicht vollständig aus einer Beziehung lösen, aus der gerade sein Kind hervorgegangen ist. Zum anderen aber legt die Karte Page der Münzen nahe, die aktuelle Beziehung etwas ruhiger anzugehen. Das gilt insbesondere für die körperliche Seite. Denn solange sich Philip nicht für Tanja entscheiden kann, ist eine körperliche Liebe nicht lustvoll, sondern letztendlich schmerzhaft.

Die Karte auf **Position 5** beschreibt die Lösung, auch den Ausgang der Angelegenheit. Hier steht die Karte Zehn der Kelche. Auf ihr verheißt der Geist des Tarot ein Wunder, nämlich bald in einer glücklichen Beziehung zu leben. In diesem Fall lässt das Tarot allerdings offen, aus wem sich diese wundervolle Beziehung zusammensetzen wird. Aus Philip und Tanja, aus Tanja und einem Neuen oder aus Philip und seiner früheren Freundin und der jetzigen Mutter seines Kindes.

Das Tarot gibt also keine eindeutige Antwort. Aber genau darin liegt das große Potenzial dieses Spiels. Es soll ja das Denken nicht abnehmen, sondern eher zu angeregtem Nachdenken verführen und animieren.

DANKE, MARIANNE!

200 Seiten
mit 20 farbigen
Abbildungen,
Stichwortverzeichnis,
Format 16,5 x 24 cm,
laminierter Pappband
ISBN 3-7701-8553-6

Frauen machen Karriere, das Durchschnittsalter der Bevölkerung steigt, der Euro ist da. Für die Zukunft sollte man vorsorgen, aber das Sparbuch ist längst out. Wir zeigen, wie Frauen mehr aus ihrem Geld machen können: Wollen Sie sparen, investieren oder vorsorgen? Hier erhalten Sie sachliche und kompetente Tipps: von Aktien über Festgeld, Fonds und Wertpapiere zu weniger bekannten, aber seriösen und cleveren Anlageformen.

Nützliche Informationen für eine gesicherte Zukunft, verständlich und fundiert geschrieben!